JN094368

「愛」と「お金」のエネルギーに愛される

桜井美帆

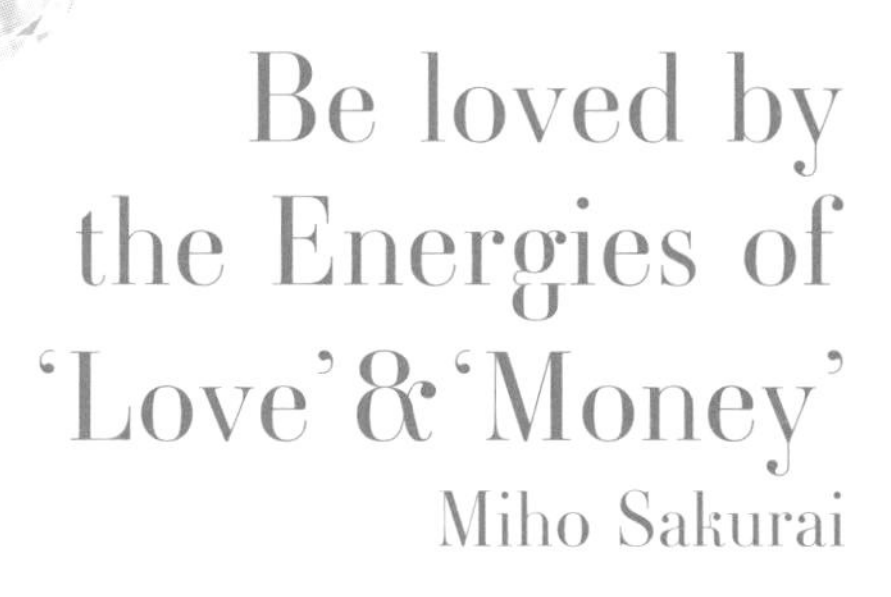
Be loved by
the Energies of
'Love' & 'Money'
Miho Sakurai

ビジネス社

はじめに

本書にたどりついたラッキーなあなたへ

このたびは、数ある書籍のなかから、この『「愛」と「お金」のエネルギーに愛される』をお手に取っていただき、ありがとうございます。

私のことをはじめて知った方は、私がご神仏からのメッセージを受け取れる人だと言うと「えー」と驚かれるかもしれません。けれど、実はその力は誰にでも備わっていて、あなたにもできることです。それを私は講座や講演で教えています。

そんな私でも、かつては人生のドン底に落ちて、神々をも恨むような酷い経験をしました。今、思い出しても本当に苦しい時期がありましたが、そんな暗闇から生還できたのは、まさに、地上の天使たちのおかげでした。

地上の天使とは「人」のことです。出会ったこともない知らない誰かが、苦し

んでいる私のブログに突然、コメントで
「死んだらダメだよ！」

「死なないで！」

「生きて」

とメッセージをくれたのです。

それを見た私は涙が止まらなくなり、久しぶりに心が温かくなりました。

親にも友達にも相談できず、もう、命を落とそうと決めたところで、どこからともなく舞い降りてきた天使たち。そのとき、私は「まだ自分にも、地球上でこういうふうに人を助けることができるのかもしれない」と気づき、知らない方のその無限の愛と優しさに触れて生還できたのです。


その日、私は一度、死んだことにして、魂は昇天するけれど、肉体は世界平和を望んでいる神様のために捧げることに決めました。それ以来、頭は空っぽ、魂は腑抜けの状態、エゴゼロで、ご神仏のメッセージに従ってきました。ただひたすら、世界平和のお役に立つことだけに専念して活動してきて、今に至ります。

もしも、今苦しんでいる人、辛い人、人生が思い通りにいかない人、将来が不安な人、悩みが多い人、生きる希望を失っている人がいらっしゃったら、この書籍がきっかけになって人生が好転しますように。開運するヒントや、勇気、希望を受け取っていただけましたら幸いです。

―★――♥――★――♥――★――♥――★――♥―


本書を執筆するきっかけとなったのは、担当編集さんからのこんな質問でした。

『どうして桜井さんは、巷にたくさんのスピリチュアリストがいるなかで、そんなに引き寄せ力が高くて、ミラクル感が半端ないんですか？　他の人との違いや、成功の秘訣はなんですか？』

正直、他人とは比べないので、その違いが自分ではわかりませんでした。でも、日頃から意識していたことは……「オーラをキラキラ高波動キープさせておくこと、かな？」と答えました（笑）。

それは、どういうことで、どうやるのか？　さっぱりわからない回答だったからこそ、「桜井さんの人生や成功体験、成功法則などを書籍で綴ってみませんか？」と、ご提案いただけたのです。

人生は、偶然の連続でも、すべては必然と言います。

私にとって当たり前のことでも、それを知らない人にとっては、もしかしたら、私の生き方、考え方、物事の捉え方、そんなことが、少しでもお役に立つこともあるのかな？　と考えて、執筆させていただくことにしました。ありがとうございます。

そして、本書の執筆中にも、とても信じられないような大きな夢が叶いました！

その夢とは、世界１９６か国が加盟しているニューヨークの国連本部のイベントで、世界平和宣言のスピーチをする話が舞い降りてきたことです。

さらにカンヌ映画祭でレッドカーペットを歩いたり、タイの女王様のイベントに招待していただくなど、私のなかでは次元を超えるような経験をしました。

神様は、サイキックな人たちでも自分のことはわからないように、お作りになられているそうです。そうしないと人生がつまらなくなるからと。

そんなサイキック能力はすべての人に備わっています。人生はわからないものですが「愛」と「お金」はエネルギーであることを知っておくと、自分の人生を豊かに創造していくことができます。あなたの願いが叶う助けになるように、本書ではさまざまな方法をお伝えしていきたいと思います。

あなたの運気を高めて、より豊かで喜びに満ちあふれた素晴らしい人生に開花できますよう、お祈り申し上げます。

2024年6月

桜井美帆

Chapter 3

強運体質になって願いを叶える

Chapter 4

「愛」と「お金」はエネルギー

Chapter 5

「愛」と「お金」に恵まれる12か条

Chapter 1

神様からの啓示

「あなたには無理」という専業主婦バッシング

「あなたには無理でしょう？　あなたには稼ぐことなんてできない」
まるで〝笑ゥせぇるすまん〟のようなヌーっとした黒いマントの男が、その人のオーラのなかに見えました。その男にコントロールされるかのように、知り合いが私を馬鹿にしてきたのです。

私はそんなに無能なの？

「お金を稼いだらダメよ。商売なんてしちゃダメ！　やめなさい、やったらダメ！」
現実のパートナーも母親も大反対。

そんなにいけないことを、私はしようとしているの？

当時、趣味で始めたネイルのお仕事が順調に軌道に乗り、購入したマンションの一室で4店舗目のネイルサロンをオープンしようと準備していたのです。

仲間たちはそれまでにも私の活動に陰口や悪口を言っていて、そんな噂が聞こえてきて、傷つきました。

「どうせ主婦のカルチャーセンターでしょ」

「遊びだよね……」

「長く続きはしないでしょう」

趣味で楽しんでいたら、いけないの？　商売をしたらいけないの？　専業主婦のことを世間は叩くのに、私が何かしても誰かが反対をしてくる……。何もできなくなる世の中……。

私はただ一生懸命に前向きになろうと、必死で生きているだけなのに、どうして家族も友達も、好きな人まで、私を理解してくれないの？　どうして私が好きに生きることに反対するの？

ああああ……。

私は、私が好きな人たちから嫌われたり、白い目で見られたりすることに、本当に傷ついていました。ネイルサロンはいけないことなのかな？　やめたほうがいいのかな？　やってはいけないことなのだろうか？　不幸になるのかな？

すごく不安になったし、自信を失いました。

でも、この道に入る前のことを思い出すと、今以上に辛かった自分がこう言いました。

「これは、4年間も悩んで出した答えだから、前に進もう」

専業主婦バッシング

4年前——。

男女雇用機会均等法が施行されてちょうど12年がたった年の3月。結婚して専業主婦になる夢を叶えて、私の人生は薔薇色でした。この幸せがずっと続くと思っていたのに、運命はそれを許しませんでした。

最初の苦難は、専業主婦バッシングでした。石原里紗さんが1998年にぶんか社から出版された『ふざけるな専業主婦』が、テレビや雑誌、イベントなどで大いに話題となりました。石原さんの本は、『くたばれ専業主婦』（1999年、ぶんか社）、『さようなら専業主婦』（2000年、同社）と続くのです。

私、ダメなの？ 幸せな道のはずじゃなかったの？

時代が変わったことを象徴する1冊でした。もう、男性が女性を養う時代は終わりを告げていたのです。

今でこそ感謝ですが、当時の私は面食らいました。私の大学の同窓生は、ほぼ全員専業主婦。それが普通で当たり前で、そうなるために育ってきたと言っても過言ではない……、そんな環境でした。

しかし、パートナーの周りの女性たちを見渡してみると、「女医」「女弁護士」「女不動産経営者」「女ブティック経営者」「女歯科医開業医」など、国家資格を持っている女性や、起業家がたくさんいました。

お金？　女の私がお金を稼ぐの？　昔の私は、親の価値観にすっかり洗脳されていて、女性はお金を稼げないと信じていました。

お金を稼ぐ国際結婚した女性たち

そんなある日、タレントの中居正広さんが司会する「金スマ」で、アメリカ人と結婚した女性たちが億万長者になっているという特集が放映されました。みんな働く気

なんてなくて専業主婦になったのに、夫から「家庭の仕事は家政婦がやるから、君は好きなことで稼いだらいい」と言われて起業した人たちでした。

それぞれ壮絶なドラマがあったものの、好きなことや直感を活かしてミリオネアになった女性たちのサクセスストーリーは、これからの時代の先駆けのように見えました。

私には何かできることがあるんだろうか？　私なんか社会の役に立たないのではないか？

このまま専業主婦だと叩かれちゃうか

ら、私も何かしないといけないんじゃないか？　だけど、私にはやりたいこともないし、やれることもない。特技も特徴も、夢も希望も何もない。これまで「専業主婦になることが夢」だったわけで、それをやっと叶えたばかりなのだから……。

それから4年間、ずっと、もやもや・悶々としながら、いろいろなことに挑戦してみました。日本語教師の資格を取って実際に教壇に立ってみたり、ファイナンシャルプランナーの資格を取ってみたり、税理士や米国公認会計士の資格の勉強をしてみたり、通訳の学校に通ってみたり……。

でも、どれも続かず、すぐやめて、どんどん自信を喪失していきました。こうして資格試験にお金を使ってばかりの、ダメダメな自分が完成しました。

私ってなんてダメな人間なんだろう……。どんなに頑張っても頑張っても、報われない。自分の天命も使命も、何もかもわからない。このままで、私は本当に幸せになれるのだろうか？　1日も早くなんとかしたいと焦りながら、あっという間に4年間が過ぎていったのです。

ネイルアートとお花の世界へ

4年目のある日。私はふっと「やーめた！ もう、あきらめよう」、そう思いました。しょせん私は専業主婦になるために生まれてきたんだもの。今から他の何かになろうとしても無理なんだ。もう、この人生を受け入れるしかない。バッシングされても開き直って好きなことだけして生きていこう！ そう決めたのです。

今まではカッコつけすぎてたわ。徹底的にバッシングされる専業主婦になるためにも、毎日のようにママ友と一緒にカフェでお茶して、3食昼寝つきライフを楽しめばいい。たくさんカルチャーセンターに通って、趣味を堪能する人生にすればいいんだ

……と思ったのです。

でも、そんなひらめきとは裏腹に、私には子供がいなかったので、ママ友はいませんでした。子育てもなく、ひとりぼっちでした。

Aちゃんは結婚して地方に引っ越してしまった。

Bちゃんは夫を養っているようなもので、大黒柱になってるから一緒に遊ぶ時間もない。

Cちゃんは子供ができて、話が合わないから連絡もなくなってしまった。

Dちゃんは結婚していないけれど、朝から晩まで働いていて忙しそう。

気がつけば、結婚しているのに子供がいなくて、仕事もない私は、とっても孤独だったのです。

あーー、孤独だ！

兄弟は子供が産まれてアメリカに移住していたので、会うこともできませんでした。

どうしたらいいんだ？

まずは好きなことを探して、その好きなことだけを徹底的にやる人生に変えてみよう。だけど、私、好きなことなんてあるのかな？　欲しいものもなければ、好きなものもない……。つまらない人間だなー。

「絵」が好き。「絵」を描くのは苦手だけど……、でも一応、学生時代には金賞とかもらってたし「絵」は2歳から習って18歳まで合計16年も続けていたことだから「絵」でも習おうかな？

弟は武蔵美に進学するほど「絵」が上手だったので、私にはコンプレックスがありました。「絵」は違うな、私じゃないなー。

夢中になれるネイルとの出会い

そんなある日、雑誌を見ていて可愛い「ネイルアート」に出会いました。爪という小さなキャンバスに描く可愛い絵なら、私にもできるかもしれない。

３Dでネイルの飾りを作ったりするのも、すごく面白そう。綺麗なことに関わるのはすごく良いことだとときめいて、ネイルスクールに通うことに決めました。ネイルマガジンで調べてみると黒崎えり子さんが世界チャンピオンになったという記事が載っていて、女性なのに世界チャンピオンなんて、すごい人だなと尊敬の気持ちが湧いて黒崎さんのスクールに入塾を決めました。

そしてもう一つ、綺麗といえばお花です。「金スマ」に出演していた仮屋崎省吾先生からお花を習えるというので、表参道の大邸宅に習いに行くことに決めました。

仮屋崎先生は、クリントン大統領やイタリアの大統領が来日したときの式典でお花を生けるすごい人で、直接指導していただけることに感動しました。

花や枝を少し直してもらうだけで、生花全体がまったく違ってイキイキと輝き始めるのです。まさに「天才」だと思いました。

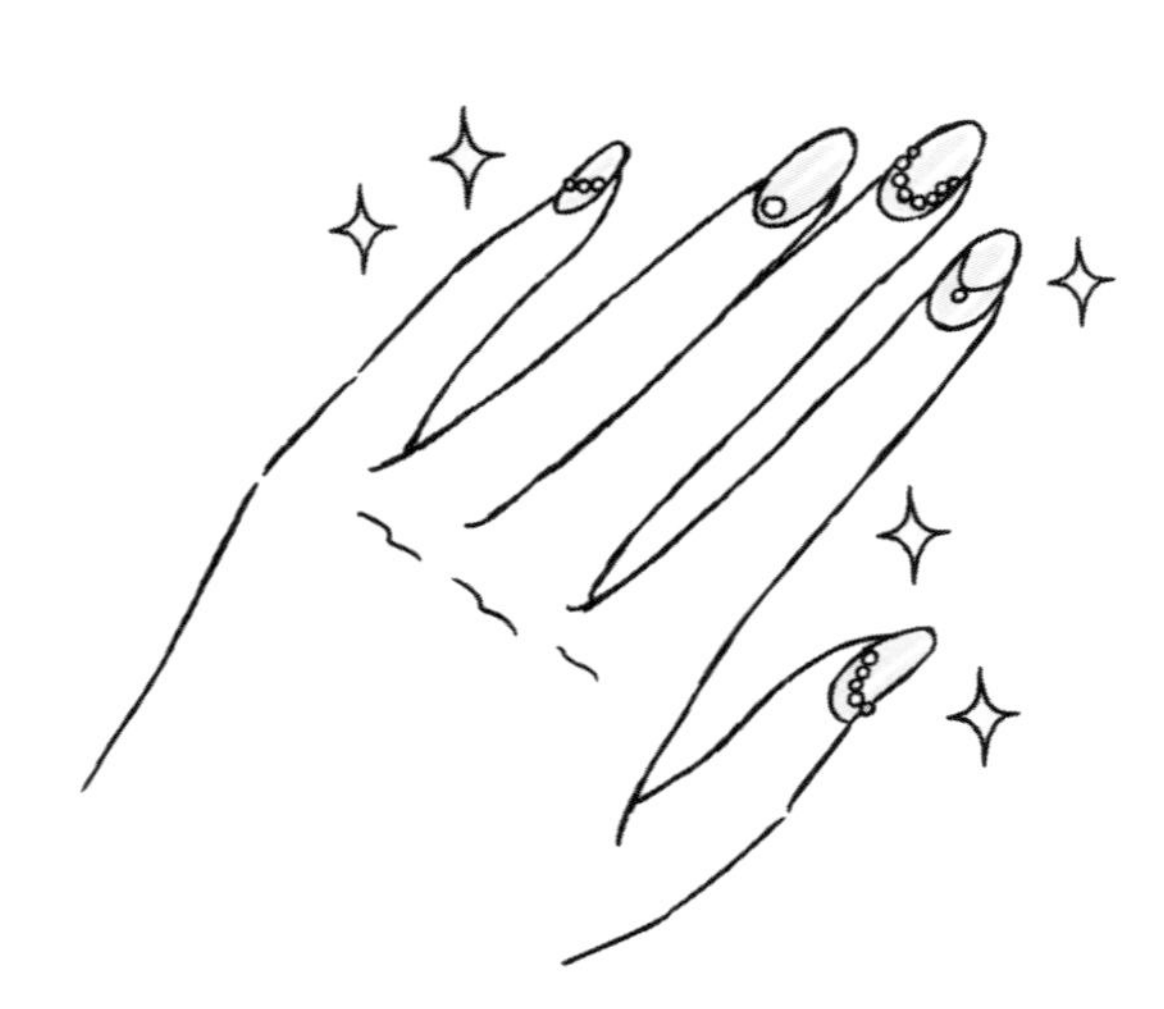

ネイルアートにお花という「美」に囲まれ、一流の先生からセンスを磨く機会をいただけたこの頃の生活は、とても有意義でした。こうして私は、趣味に生きて「作品」を作るという芸術の世界に足を踏み入れたのでした。

その年の年末に「ネイルスクールに通い始めました」と一筆添えた年賀状が、私の人生を大きく変えることになるとは、そのときは知りませんでした。

ネイルサロンで起業ですって!?

ある日、ヨーロッパからシャネルやエルメスなどの生地や鞄を輸入している商社に勤めていて、そこからブティックやブランドのリサイクルショップなど、合計6店舗を多角的に経営している女性オーナーからお声がかかりました。

「美帆ちゃん、ネイル始めたの？　私もネイルが大好きだから、今度、私のところに来てやってちょうだい」

「はい、もちろんです♪」

年賀状に書き添えたたった1行が、まさか私の人生を変えるとは思いませんでした。

こんなふうにお声がかかると、私は単純に趣味の延長といった気持ちで、いそいそウキウキと女社長のご自宅にネイルをしに行きました。

「あら、美帆ちゃん、上手じゃない♥　これからもまたやりに来てちょうだい♥」

「もちろんです♪」

喜んでいただけたのがとっても嬉しく、しかも、定期的にお声がかかるようになりました。練習させてもらえて感謝されて（暇も潰せて）嬉しいな♥

そんなある日、

「ねえ、私のお店の一角が空いているから、そこでネイルやってみない？　喜ぶ人がいると思うの」

こんなご提案をいただきました。そして奇遇なことに、その店舗はネイルスクールと同じ駅だったのです。それならスクールの帰りに立ち寄ることができるし、これはGOサインということで、引き受けることになりました。

私の趣味のネイルが、その後4店舗にまで増え、さらにヒーリングサロンが2店舗、合計6店舗にまでなるとは、このとき誰も想像もしていませんでした。

仲間からのバッシング

でも、このネイルサロン1店舗目をオープンするときも、仲間に陰口を叩かれたのです。

どうせすぐやめるでしょう。
長くは続かないわ。
カルチャーセンターの延長線だよ。
お遊びにすぎない。

陰口を告げ口してくる人もいるから、こうしたことを言われていることが、私の耳に入ってきました。正直なところ、カルチャーセンターとかお遊びと言われたことは、図星すぎて傷つきました。
そうだよね、どうせ趣味の延長線だものね。そう言われても、そう思われても、仕方ない……。

やっぱり、そういう考えだとダメなのかな？

やっぱり、私にはできないことなのかな？

せっかく趣味を見つけて前進したけれど、これもまた断念しないといけないのかな？

また、ダメな自分に戻るのかな？　そう考えると、とても悲しくなりました。

だけど、起業みたいな本気モードのことはできない。

しょせんダメ人間だから、何をやってもダメなんだよね、と落ち込みました。

誰の期待にも応えられない。好き勝手に生きてる自分は「悪」なのではないか？

自分のためだけに、ただ好きなことだけをして生きるなんて、それは世間が許さないことなのかもしれない――。

やはり断ったほうがいいね、これを最後の練習にしよう……と考えながらもネイルをしたお客様から「わーー綺麗」「あー、可愛い」「まぁ素敵」「すごい、気に入った」

「またやってください！」と頼まれると嬉しくて、感動して泣いてしまいました。私は、やっぱり、こうやってお客様に喜んでもらえる時間が好き。求めてくれる方がいる限り、続けていこう。そう思いました。

占いなんて胡散臭いという思い込み

私のネイルサロンが2店舗、3店舗と広がったのは、ネイルが可愛いと好評だったこと以外に、実はもう一つ理由がありました。

それは、私の〝オーラが見える〟という特殊能力です。ネイルをするときには

手を触るので、余計にオーラがはっきりと見えます。それでお客様のオーラのなかに見えることをお伝えすると、それがどんどん当たって、お客様が驚かれるのです。そして私に「あなたは占い師になったほうがいい」と言い残していくのです。

「占い師になんてならないよ！」とずっと抵抗していましたが、運命は確実にそちらのほうに流れていきました。

でも、ネイルサロンを経営している間は、そんなことはまったくわかっていませんでした。

当時の私は仏教を熱心に信じていたので、占いなんてものはインチキで胡散臭いと思っていました。自分の人生は自分で切り開くものと教わっていたからです。新聞やテレビでやっている「今日の星占い」なんて全然当たらないと思っていました（笑）。

小学校では、星占いの結果で仲間外れにされたこともありました。「天秤座」「双子座」「水瓶座」の「風」のグループの華やかな人たちから、それ以外の星座の人がみんな無視されるということがあったのです。

妖精が見えて、妖精とお話ができるという女の子も、いじめられて無視されていました。だから、そういう世界とは関わってはいけないと思い込んでいました。それに、私は「占い」では「晩婚」だと出ていたので、その「占い」は当たらないで欲しいと願っていました。

そのおかげで「占い」の結果に抵抗して、24歳という若さで結婚できたので、『占い』には勝ったぞー」って喜んでいたのですが、結局33歳で離婚して「晩婚」の人たちと再婚活する運命になりました。

やっぱり「占い」は当たるの？　運命に抵抗してもダメなの？　とほほほほほ……となりました。

タロットが当たると評判になり、ネイルサロンは人気店に

私がネイルサロンを4店舗まで広げられたのは、皮肉にもネイル以上に人気となったタロット占いのおかげでした。はじめの頃は、私はオーラが見えるので、その見えたものをお客様に伝えてコミュニケーションをとったり、お悩みの相談にのるのに役立てていました。

それが日に日に評判となり「当たる」「当たる」と言われて、「占い師になったほうがいい！」と多くの人から強く勧められるようになって、ついに占いを始めてしまったのです（笑）。

そうはいっても当時の占い業界はバッシングされる世界で、占い師のイメージといえば、黒いマントを着て水晶玉を持っているというような、いかにも怪しい世界でした。まだスピリチュアルカウンセラーなどという名前もない頃です。

「絶対に占い師になんてならないよ！」

そんなふうに断言していた私でしたが、お客様のネイルを乾かしている間にタロット占いをしてあげたら喜ばれるかな？　と考えて、タロット占いを無料でプレゼントするというサービスを始めたのです。

これが自分でもビックリするほど「当たる！」わけです。しかもオーラを見るだけなら言わないようなことでも、タロットは絵柄に「死神」とか「悪魔」とか怖いカードがあり、それが出てしまったり、絵柄が逆さまになって出ることで、悪い結果がお客様にすぐにバレてしまうのです。

例えばオーラに「白い狐」が見えたとして、ある霊能者は「あなたは呪われている！」「もうすぐ不幸が来る」と言い、他の霊能者は「あなたは財運がある。ラッキーな人です」と言うかもしれません。つまり、オーラが良いか悪いかは霊能者の解釈次第といったところがあります。

でも、タロットはそういうわけにはいかないのです。

私は高次元・高波動の伝達者だったので、タロット占いで出てくるネガティブメッセージに驚愕としました。良いカードが出たときはこちらも満面の笑みですが、悪いカードが出たら嘘がつけず、申し訳なさそうに「離婚の暗示が出ています」「別れる未来が待っています」「このままではうまくいかないでしょう」「あなたの夫は不倫していますね」などと「すべてお見通し」といった結果を伝えなければならないのです。

そんな結果が出たときは私だって悲しくなりますし、心が痛みます。悪いカードが出た途端に「アッ」と顔を見合わせて、お客様が表情を曇らせたり、黙り込んでしまうのを見るのは辛いものでした。

ところが不思議なことに、悪い結果が当たったときほど、お客様はちゃんと次の予約にいらっしゃるのです。なかには「爪が折れた」と言って、数日後に予約を入れて来られる方もいました。

そうして、「本当に離婚しました」「お別れしました」「不倫が発覚しました」などとおっしゃるのです。

こうなると私はもう、不吉な予感しかしません。どんなに「占いが当たった」と言われても嬉しくないのです。

自分の行いが還ってくる「カルマの法則」

なぜなら、私が仏教徒で「カルマ」を信じているからです。良いことをしたら、良いことが返ってくる。悪いことをしたら、悪いことが返ってくる。今では量子力学でもそうなると証明されていますよね？

私は目の前の人には幸せになってほしいと願っています。不幸になった報告をしてほしくなかった。相手が幸せになることが私の望みで、良いことをするから、私にも良いことが返ってきて幸せになれると信じています。

もしも私が占いをしなければ、お客様は離婚にならなかったのではないか？

ご主人の不倫はバレなかったのではないか？

彼とお別れすることにはならなかったのではないか？


もしそうだったらどうしよう……。私は悪いカルマを積んでいる。

このままでは幸せになれない！

これは困ったことになった……。


私はすっかり悩んでしまいました。そうして、会話でお客様を幸福に導けるようになりたいと考えて、心理学を学術的に学ぶことにしました。

カウンセリングで目の前の人を幸せにできたら、なんて素晴らしいだろう。タロットの結果よりももっと深い癒しを与えられたり、言葉の力で人を笑顔にしていきたい！

そう考えて心理学の学校に通い、「トランスパーソナル心理学」について学ぶことになりました。

もともとイタコの家系であったことを知る

母方の曾祖母がイタコという家系に生まれた私は、生後半年で仏教に入信させられ、子供の頃からお経を唱えて育ちました。加えて父方は神社の氏子でしたから、神仏習合でスピリチュアル・サラブレッドだね、と言われたりしました。

でも、子供の頃の私は、母方の家系がイタコであることは知りませんでした。

小さい頃から神社行事のお手伝いをすることがあり、巫女さんや天女のような格好をしたり、山車を引いたり、太鼓を叩いたりしました。

そのときに「あー、これ知っている。私は過去世で巫女さんをやってたなー」と思い出したのです。

子供の頃から幽霊が見えましたが、お経を唱えると陰陽師が出てきて助けてくれました。お祓いをしてお化けを追い祓ってくれるのです。そして、親からはお経を唱えると仏智が湧くと言われていたので、いっぱいお祈りもしてきました。

母は私が幸せな専業主婦になるようにと願っていましたから、母には「お化けなんか信じちゃダメ。お化けなんてこの世にはいない。お化けはインチキだから、人にも言ってはいけない」と厳しく言われて育ちました。家では、心霊現象や心霊写真などはすべてタブーで、テレビの特集番組や本を見るのも禁じられていました。


でも、どんなに禁じられても、お化けが見えてしまうのは止められないのです。だけど、お経は効果がありました。お経を唱えると見えなくなるのです。今は「波動の法則」を知っていますから、これはお経によって私の体の振動数が高まり、低周波のお化けたちが見えなくなったのだとわかります。

オーラにその人の特徴的なものが見える

では、オーラはどのように見えるのでしょうか？

例えば目の前にいるお客が、図書館にいるといったシーンが見えます。カラフルです。スクリーンはありませんが、映画のような感じで映し出されます。

私はそれを見て「本でも好きなのかな？」、そんなふうに思います。なぜその映像が見えるのか？　は私にはわからないので、ここから当てるしかないのです。

私「本が好きですか？」
お客様「ええ、まぁ」

この時点では『あ、良かった。そんなに反応は良くないけれど、一応、本は好きなのかな？』と、その程度しかわかりません。

見えたものを伝えると、その映像は消えていきます。そして今度は早稲田大学

の映像が出てきたので、
私「大学生ですか？」
お客様「はい」
私「もしかして、早稲田大学ですか？」
お客様「え？　なんでわかるんですか？」

早稲田大学の映像が出てきたからといって、目の前のお客様が早稲田大学の学生さんかどうかはわからないので、これはイチかバチかのカケです。「大学生」というのは外見や年齢からもそうだろう……ということくらいは想像がつきます。
また早稲田大学の映像は消えて、今度は「写真屋55」の映像が出てきました。
私「もしかして、バイトは写真屋さんかな？」
お客様「え？　どうしてわかるんですか？」
私「まさか、写真屋55？」

そんなことを伝えると、お客様はもう席を立たれるほど驚いて「占い師になったほうがいいですよ。私、実は今、図書館司書の勉強をしていて資格を取ろうと思ってるんです。だから最初、本が好きかと聞かれて、すごい驚きました！」

私は、ネイルする手を止めて、にっこり！　顔を上げて、笑顔でアイコンタクトをします。心のなかでは『すごい当たってて良かった。本が好きどころか、図書館司書の資格だなんて「好き」どころじゃない……。だから図書館の映像が出てたんだねー』と、自分でも納得しているんです。

手のひらに映像が見える手相占い

他にも、手相を見ることができますが、普通の手相占いとは違います。感情線、運命線、生命線、ますかけ線、結婚線など、一般に知られている線はわかりますが、まったく違う感じで見えます。

例えば、ちらっと手のひらを見せてもらうと、手のひらに金魚が泳いでいたりするんです（実際にはもちろん、金魚が手のひらの上を泳いでいるわけがありません）。

ある日、お客様の手のひらに金魚が見えました。それで冗談っぽく、

「金魚が見えます」

と伝えると、突然、お客様が号泣してしまったのです。

ヒィーーー、泣いてしまった！　どうしたんだろう？　私にはなぜ金魚が見えるのか、その理由はわからないので、うっかり伝えてしまったのです。

するとお客様は「実は可愛がっていた金魚が、一昨日死んじゃったんです……」と泣きながら言うのです。今度は泣いているお客様の背後に、猫ちゃんの映像が現れました。

私「もしかして猫ちゃん、飼ってますか？」

お客様「そうです……（涙）。なんでわかるんですか？」

どうやら猫ちゃんが金魚ちゃんとじゃれあっていて、器を倒して水がこぼれ、金魚が外に飛び出てしまい、お亡くなりになってしまったようなんです。

すると今度は、金魚も猫も消えて、黒い牛が出てきました。

不思議ですよね？　なぜ、黒い牛？

私には意味不明だし、理由はわかりません。そこで正直に伝えます。

私「オーラに、黒い牛も出てきました」

お客様「はい、わかります」

ええええええ？　ご本人ははっきりとわかるものなんです。

私が不思議そうな顔をしていると、

お客様「黒い牛は実家で飼ってるんです」

黒毛和牛ってやつですね？　私のなかで黒毛和牛といえば、神戸牛とか、松坂牛なのですが……不思議と北海道が浮かびます。

私「北海道ですか？」

お客様「どうしてわかるんですか？　……占い師になったほうがいいですよ」

こんなふうに、私に「占い師になったほうがいい」と言い残して帰っていかれる方たちは、ほぼリピーターになりました。

オーラが見えて、タロットもできる。直感力や洞察力が鋭くて「当たる！」わけですから、その力で人を不幸にしていたら大変です。カルマになりますから、なんとか周りの人を幸せに導きたいと思いました。悩んだ結果「トランスパーソナル心理学」を学び、潜在意識の世界を知ることができました。

そうしてようやく、タロットもその結果はご本人の潜在意識の表われであって、行動するのはご本人、決めるのもご本人なので、私がお客様の人生をタロットで不幸にしていわけではない、ということがわかりました。

そうと知って心底安心し、ホッとしました。もっといえば、不幸だったり、悪いことのように見える現実も、実は、ご本人にとって必要なことで、ラッキーに転じるために必要なことなのだと知りました。

離婚しなければ次の運命の人には出会えないし、不倫が発覚しなければ夫への愛の再確認もできない。お別れがなければ、一生結婚できない相手とお付き合いを続けなければいけなかったのかもしれないからです。

破壊と再生。不幸は次なる幸運への道だから、大丈夫。と自信を持てるようになりました。

2店舗目の話が……

そうこうするうちに2店舗目のお話がきました。どんなに綺麗に着飾った女性でも、どんなに美人な方でも、みなさん心に悩みを抱えていました。それは周りの人には話

せないようなこと。そんな秘めごとを話せる場があるということは、その方にとってとても心強くて、自分の人生の味方がいるようなもの。そうした役割をさせていただけることは本当に素晴らしく、幸せなことだと思いました。

こうして2店舗目では、私は「ネイルセラピスト」という肩書きで活動することになりました。最終的には20人のアルバイトを雇って、ネイルサロンを4店舗、ヒーリングサロンを2店舗、経営することになりました。

けれど、このときもまだ気持ち的には趣味の延長線でした。趣味起業という言葉が当時、流行っていて、〝好きなことで仕事をするのが幸せ〟といった考えが全盛期の頃でした。

私は好きな人と暮らし、好きなことができて、お客様にも喜んでいただき、アルバイト代は当時は時給850円くらいが相場でしたが、2000円以上払っていましたからスタッフからも喜ばれて、人間関係も良く、とても幸せな時間を過ごしていました。

すべてがWin-Winの仕組みだったので、これは良い行いだから良いカルマとなって、私には幸せがめぐってくる。そうなるように心がけました。

しかし、不運にもこのすべてを失う出来事が舞い込んできました。

奇しくも私の手相は、その年齢でブチブチっと線が切れていて、これから不幸が起きるという暗示が出ていました。でも、そんなことを言われても、私は「絶対にそんな不幸なんて起きるわけがない」と、まったく信じていませんでした。

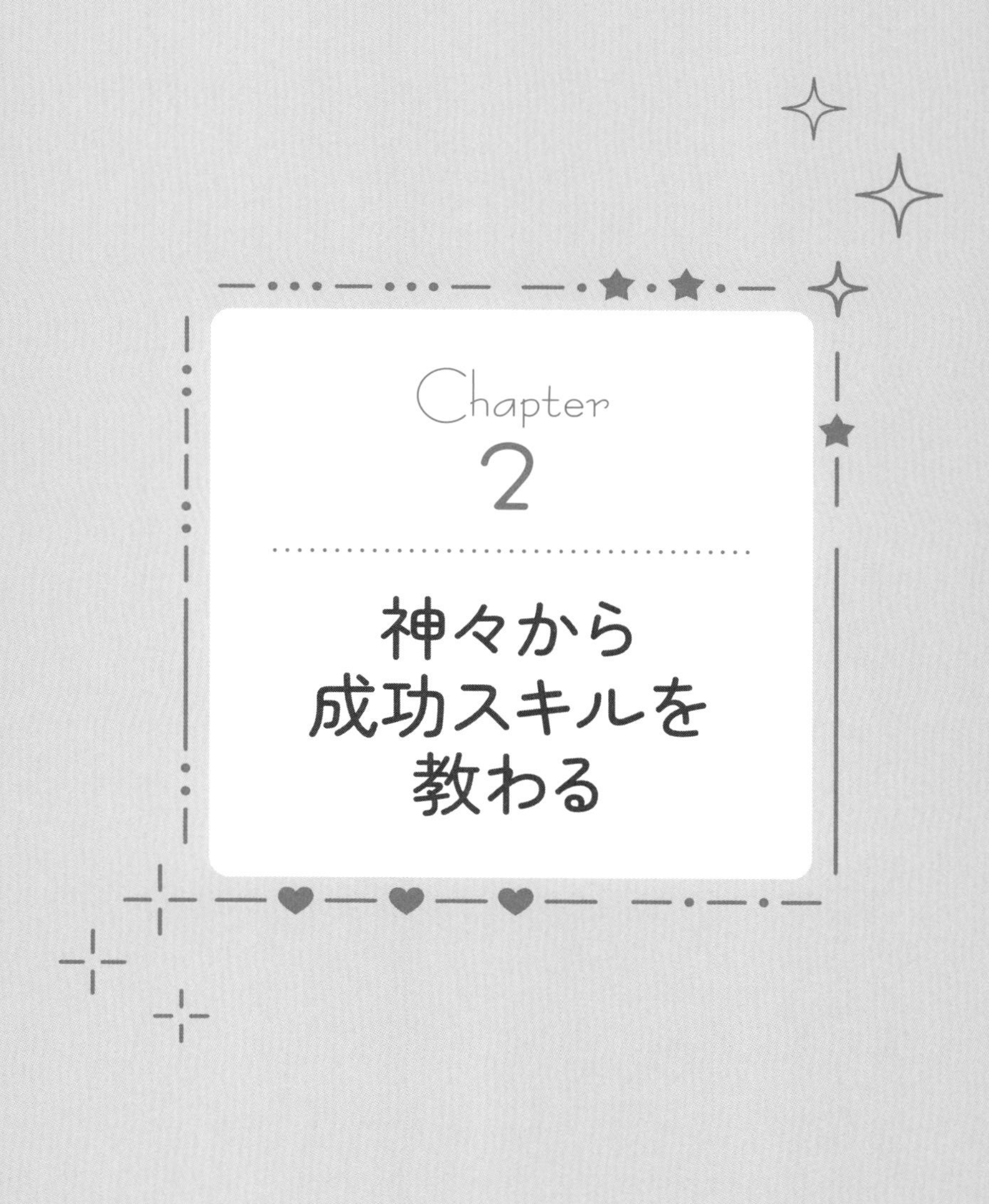

Chapter 2

神々から成功スキルを教わる

消えない不吉な予感…

ある日、ヒプノセラピーのレッスンで、チャクラを見る時間がありました。2人でペアになって相手のチャクラを下から上まで順番に見ていきます。相手のチャクラを感じてください、と言われるのです。当時、まだチャクラという言葉は一般的に知られていなかったので、先生はチャクラという言葉を使わずにそう言いました。

下から上まで順番に、自分の中心に意識を向けるように、そしてペアを組んだ相手の中心に意識を向けるように言われました。

周りの人たちは、ほとんどが「下のほうが黒くて重く、上のほうが白っぽくて明るい感じだった」と言っていました。

私は、お相手の方の下のほうが黒くてなんだかすごく嫌な感じがして、見えないというよりは、悪いものがいて見たくない感じがしました。それだけではなくて、それぞれのチャクラが色で見えて、それがチャクラカラーとバッチリ一致していたのです（私はチャクラについて当時は知識がありませんでした）。

そして、お腹にはお花が咲いていて、胸には森の精霊の泉があって、喉ではマーメイドやユニコーンがその清い水を飲んでいる景色がオーラに見えました。でも、脳内では、シクシク泣いている姿に変わりました。孤独になってしまったと言っています。

そして、頭上では、女の子が小さくうずくまって泣いているのですが、その背景には、大きな大きな女神様がゴム風船のようなオーラで、絶対に破れない

から大丈夫よと、愛のエネルギーで包んで守ってくれているシーンが見えました。

シェアタイムになりました。私に見えたことを伝えたら馬鹿にされそうだから、正直に言うのはやめようかな……と迷いました。すると背後から女神の声が聞こえて「お願いだから伝えて。目の前の人に伝えるのです」と言うのです。嫌だなーと不安を抱えながらも、伝えることにしました。

相手の方が突然、泣き出す…

「もしかして、こんなことを言ったら、ちょっと変な人だと思われてしまうかもしれないけれど……」と前置きして、おそるおそる見えたものをお話しすると、相手の方が突然、ワーッと泣き出してしまったのです。

どうしよう……。私はドギマギしました。

その方は、どうやらスピリチュアルに精通していてチャクラのことも知っているらしく、そこには何も触れずに、私にこう尋ねました。

「あなたは『宇宙』とつながっている人ですか？」

意味はよくわかりませんでしたが「宇宙」については仏教で「宇宙の法」を教わっているわけですから、大得意です。

「はい、つながってます」

そう答えると、

「あなたは将来、本を書く人です」と予言されました。

「え？」

とっても驚きました。私はそんな人ではない、なんのとりえもないんだと思っていたからです。

彼女は、泣きながら教えてくれました。

「実は今、子宮筋腫の手術前で、人生の希望を失っているの。毎日が不安で、暗い気持ちになっていたから、第1チャクラと第2チャクラが黒く見えたのだと思う。でも、食べることが大好きだから、第3チャクラにはお花が咲いていたのではないか。そして、第4チャクラと第5チャクラだけど、今ちょうどお水にこだわっていて波動水を飲んでいるの。それで、第6チャクラで泣いていたのは、私が彼氏に振られたばかりで孤独になっていたから。全部、当たっているわ。

まさに私が知りたくて聞きたかった答えが、女神様からのメッセージだったの。だから、嬉しくて泣いているから、安心してね」

嬉し泣きだとわかって、私もじんわり涙ぐみながら安堵しました。

衝撃的な母の告白

それまでの私は、すべての人が自分と同じようにオーラにいろいろなものが見えていると思っていたので、そうではないことにビックリしました。それに、本を書くだなんてあり得ない話は、すぐに親に報告しなきゃ、って思いました。
そして、実家に帰ったある日、食卓を囲みながら両親にこの話をしたのです。
私「あのね、この間、すごい不思議なことがあったの！」
母「なに？　なあに？」

父親も黙って私の話を聞いてくれました。

わっはっはっはっはー！

私が話し終わったら、家族で大声で笑い合って、そんなことあるわけないじゃない、と否定してもらえるものと思っていました。

でも、両親の反応は……。なぜか？ 夫婦2人で顔を見合わせて、深刻な顔をして黙り込んでしまいました。

私「え？ ちょっとーー。なに？ ここ、笑うとこだよね……（汗）」

なんで？ 何、この反応？ どうして、こんな変な空気になってるの？

家族の食卓が凍りつくとは、こういうことなんですね？ 私はわけがわからず、困ってしまいました。


やがて、深刻な表情をした母親が意を決したように、ゆっくりと話し始めました。

母「実は、お母さんね、一生懸命、美帆がそっちの道に行かないように止めようとしたのよ。だけれど、結婚したら遠くに行っちゃったから、止めきれなかったわ。どんどん、どんどん、そっちのほうの道に行っちゃって……」
私「そっちのほうの道とは？」
母「実は、あなたの曾祖母はイタコだったのよ。あなたは子供の頃から見えたから、隔世遺伝かもしれないと気がついて……。子供の頃から良く当たっていたから、霊能者にはならないようにしたかったの。霊能者って、あまり良いことではないの。業が深い人とかね、死者を取り込むイタコなんて、命だって縮むのよ。だから寿命が短くなるの。とにかく、絶対に、霊能者にはならないでね？　約束してね？」

衝撃的な話ではありましたが、母の話を聞いて、それまでの人生で起こったいくつもの不思議な体験や、周りの人と話が合わなかったこと、私だけが違う感覚を感じたりしていたことなどが、走馬灯のように思い出されました。そして、どうして私だけがそういう体験をしてきたのか、とても納得できたのです。

この事実を知ってから、不思議と私のサロンを訪れる客層が変わり、起業家仲間や、芸能人、異次元世界に興味を持つ男性なども出入りするようになりました。

不幸が訪れるという予言

そんなある日、とうとう不幸のお告げがやってきました。

「○○の母」という有名な占い師の息子さんが、私のサロンに遊びにきてくれたのです。

彼はまだ占いの見習い中というか、勉強中でした。それで私の手相を見てくれて、

「なんですかーー！　この手相は？」

と、とても驚いていました。

「手相がやばい！　多次元世界のパラレルワールドに生きる人だ。手相に線が何本もあるので、覇王線やらますかけ線やらがこれから現れてきますよ」

そして、「え?」と、ちょっとギョッとするようなことを言われました。

来年、大不幸が訪れるかもしれない、と言うのです。人生が激変するから気をつけるように、と。

「待て、待て、待て。んーー、なんだろう?」

いくら考えても、そんな不幸なんて想像もつきませんでした。ただ一つだけ、留学することが決まっていたので、それのことかな？　くらいに思いました。確かに、留学で人生が変わるのかな？　それにしても不幸って何かな？　英語嫌いだから、カルチャーショックを受けるとか？　英語の勉強をするのが辛いとか、そういう辛さかなーー？　などと、まったく呑気なものでした。

タロットで出てくるカードが激変

結婚という夢を叶えて4年間というもの、自信を喪失して自分探しの旅をしたけれど、何も見つけることができませんでした。こんなに苦しくて辛い人生を送っているというのに、まだ不幸が来るというの？　それは受け入れがたいことでした。

そんなことはないでしょう……。

当時の私には、自分の人生に「離婚」などという文字はありませんでした。

けれど、それが的中してしまったのです。私とパートナーのタロット占いの結果は、それまではずっと薔薇色の幸せのカードが出ていました。なのに、ある日を境に「死神」「悪魔」「タワー」のオンパレードになってしまったのです。

もう、一貫の終わりです。

私は想像もしなかった、神様を恨むような、どん底人生に突入していきました。

不吉な予感は当たる！

　不幸なとき、自分で占ったタロットの結果なんて信用できません。こんな悪い結果、当たっていないことを祈るばかり。私は「当たる」と評判の占い師さんのところに行きました。お金を払って自分以外の人に占ってもらうのは、これが人生ではじめてでした。

「良いカードが出て、また2人の関係性が良くなりますように！」と祈りましたが、私は原宿の占いの館で凍りつきました。占い師さんは良いカードが出るまで、カードを引き続けてくれたのですが、なんとデッキのすべてがなくなっても良いカードは出ませんでした。

「離婚」を占いで決めるなんてふざけてる！　と思われそうなので補足しますが、あくまで良い結果を出してもらえると思って、客観的に第三者から「これからもうまくいきますよ」と言ってほしかった……というのが本音です。

さかのぼると「結婚」前に自分で占ったことがあるのですが、なんと相手は私にとって「悪魔」だというカードが出たのです。信じられません。でも、そのときはこれで「結婚」するのはやめようと思ったし、おつきあいするのもやめようと思ったほどです。ところが、相手にすごく怒られて、「タロットと自分とどっちを信じるんだ？タロットなんて信じるな」と言われて、それもそうだな……と思い直して「結婚」したのです。

占いなんて気休め。結果的に「離婚」したら、タロットは当たっていた！　ということになるだけ。そう思いました。

——ところが「結婚」した年はどうやら「大殺界」という、結婚してはいけない年だったことがわかりました。

離婚になり奈落の底に突き落とされる

さすがに2人の関係性には終わりが来ていることを察しました。それはちょうど7

年越しとなる、彼の最大の夢を叶えた直後のことでした。私の役目はここまでなのか……？

人生、落ちるときは一瞬で奈落の底に突き落とされるというのがわかりました。宇宙の流れを個人の力で変えることなんてできなくて、あれよあれよという間に私は「離婚」をして不運の底に落ち、闇の世界に転がっていました。

もう、真っ暗闇です。何も見えません。深く、さらに地の地の底のようなひんやりした冷たい場所に落ちていきました。どこまで落ちたらよいのでしょうか？

自分の使命や、やりたいこと、社会の役に立てないことで落ち込んでいた頃は辛かったけれど、実は今よりずっとマシだったのだとわかりました。みじんこのように小さくなっている自分がいました。心は萎縮して痛みは破裂して、木っ端微塵に砕かれていました。

もう、顔もない、手も足もない。口もない。目もない。鼻もない。のっぺらぼうです。うねうね、うじうじ。地面に這いつくばって、起き上がることもできない。

ただ涙だけがひたすら流れてきて、悲しみの海のなかで溺れてもがいているような感じです。

私の「運命」は最悪だな。「私は捨てられてしまった」と自己価値を失い、お店もすべて失い、世間から放り棄てられてしまったようで、毎日泣いていました。もはや「人間」ですらない「点」になってしまったような気分。自己肯定感は低く、立ち直れませんでした。

そのときの私はアメリカのハーバードにいて、1人で孤独でした。自分が「ダメ」になっていく、自分の精神が「崩壊」していく、その亀裂音が聞こえてきました。お金も稼げない。ビジネスを作ったのに、すべてを失う。愛し合っていたのに、愛はなくなる。

寒空の下、このまま真冬に突き進んでいく東海岸では、もう暮らしていけない。なんとか西海岸の暖かい地域に引っ越して、元気を取り戻したい。L.A.の明るい太陽を浴びて、青い空とカラッとした空気に触れて元気になろう！　そう思い立って引っ越したのです。

L.A.で120日間、泣き続ける

ハリウッドに引っ越して、翌日には、幸運なことにビバリーヒルズでネイルサロンの立ち上げのお仕事を見つけて、ビバリーヒルズ暮らしが決まりました。昼間はハリウッドセレブに施術できるチャンスもいただき、本来なら華々しいアメリカンサクセスストーリーになるはずなのですが……。

どうしたことでしょうか。
涙は止まらないのです。
L.A.にいて、太陽を浴びて、仕事も見つかり、セレブライフも満喫できるのに……。元気になるどころか、夜になると毎日泣いている日々が続きました。120日間泣き続けて、ついに本気で死ぬ覚悟ができた日のことです。

ブログのコメントに、会ったこともない知らない誰かからメッセージが来ました。


「死んだらダメだよ」

「生きてね」

「大丈夫だよ」


家族にも友達にも誰にも相談できなくて、1人で孤独に毎日泣いていたのに、まったく知らない人がこんなメッセージをくれるなんて……。本当に衝撃でした。

そのときはじめて、天使は本当にいるのかもしれないな……と思ったのです。

その日は、いつもの涙とは違う温かい涙を流して心も温まりました。


オンラインの世界でも人の命を救うことができる。出会ったことがなくても人を助けられる「地上の天使」がこの世にいる。これはすごいことだ。

神様に思いを馳せる

天使の愛と温かさに触れたら、忘れていた記憶が急によみがえってきました。

それは思春期に参加した仏教の会合で「将来、海外で活躍し、世界平和のお役に立ちます！」と宣言した記憶です。そんな夢は、はかなく散っていくものです。どんなに世界平和を祈っても、私には戦争なんて止められないし、人種差別も解決できない。

そう思ってしまったからです。


私はずっと、「自分はなんてダメなんだ……」と思いながら生きていました。その自己肯定感が低くなったきっかけが、ここにあったことを思い出したのです。自分の無力さに気づいたとき以来、夢も希望も失って、自分には価値がないとレッテルを貼っていました。その後も、やりたいこともなければ、やれることもなくて、人生に生きがいもなかったのです。

自分の夢がない私はどうなったかといえば、親の期待に応えよう、そう考えるようになったのです。そうして気づかぬうちに、私は自分の幸せの基準を他人の判断に委ねるようになり、人からの評価を気にして生きるようになっていったのです。

そんな私にとって、この世に「天使」は本当にいるんだ！　と信じられたことは大きな発見でした。私の人生に希望の光が灯ったのです。

「私も、誰かの天使になりたい」

私に光が降りてきました。いわゆる覚醒が起きて、次元上昇のスタートラインに立ちました。まだ会ったこともないオンラインの向こうの誰かのために、もしも私が役に立てるのであれば、「天使になりたい」と心から思ったのです。

そして「世界平和」は、私以上に「神様たち」の願いなのかもしれない……と気づきました。「世界平和」は、神様でもいまだに叶えられない夢なのだとしたら、私にできなくてもそれは当然であり、こんな私でも許されるのではないか？　ということにも気がついたのです。

それは、私のなかで自分に対する評価が大きく変わった、すごい瞬間でした。

闇の世界と光の世界は表裏一体

落ちて、落ちて、落ちたその先には、高次元の光の世界とループする場所がある。最初からそれを知っていたなら、あとは闇のなかで光を見つけるだけだったのに……。闇のなかにいるとそれを忘れて、悪の道や死の世界に導かれてしまう——。

つまり、ネガティブな世界は、私たちが高次元の世界に気づくために、敢えて表裏一体でそこに存在しているのです。ネガティブな世界は、実は、私たちに光の世界を教えてくれる存在だったということです。

——私は以前、ヒプノセラピーの施術をしていた頃に、特に宗教心がない方でも、高次元に誘導すると、みなさんが「愛」「感謝」「平和」などを望む言葉を口にされることに驚いたのを思い出しました。人間の感情や思考は、それぞれの次元において「全自動」設定なのだとわかったのです。

つまり、低次元、低周波のなかにいれば、争いやトラブル、不幸が連続するけれど、高次元、高周波のなかにいれば、平和で、愛や感謝にあふれる幸せが連続する世界になる。その高次元とつながることは誰にでもできて、その結果、神様と同じ状態になり、存在意義や存在価値を持ち、人を助けていこうという意図を持つ。世界平和の根源となる、命に光が灯された状態になるのです。

たとえ戦争がなくならなくても、犯罪者がいなくならなくても、誰もが家族の写真を見たり手紙を読んでいる間は、笑顔になると言います。つまり、すべての

人が笑顔になった瞬間に、世界の平和は訪れるのです。

世界平和は叶わないものではなく、叶うものかもしれない――。

私のなかで、再び世界平和への想いが熱くよみがえりました。

ならば、神様の願いを叶えるために私の肉体をこの世に残し、神々のメッセージに従ってその一助となるように働けば、喜んでもらえるのではないか――。

そして、どうせ私は死のうとしていたので、私という個人の魂は昇天させ、肉体は神様に残そうと決めました。

そこで私は死ぬ儀式をして、幽体離脱もして、臨死体験をしました。実際に体をこの世に残し、魂を昇天させたのです。


最近では戦争のない世の中を作るためには、戦争を仕掛ける人たちに他の方法で経済を回す仕組みを提供すれば良いと教わりました。まさに「お金」そのものの成り立ちや仕組みも変わっていく時代だからこそ、明るい未来が待っていることがわかりました。

幽体離脱と臨死体験

どうやって幽体離脱するの？　どうやって臨死体験をしたの？　そう思われた方のために、実際に私が行った方法を書きますので、イメージのなかで真似してみてください。脳内は、現実もイメージも区別がつかないのです。

幽体離脱の方法

①心と体を楽にして、リラックスする。時計やメガネ、ベルトなど体を締め付けるものはすべて外す。
②ゆっくりと深呼吸をして瞑想する。
③セミトランス状態になる。
④死んだことにして横になり、もう1人の自分が自分の体から抜けて天井にあがって上から横になっている自分を見下ろしている。もう1人の自分（幽体）が体から離脱したことを確認する。

みなさんは、この時点で戻ってきてください。これ以上行くと戻れなくなるのではないか？　と怖くなる人がいます。

そうした恐怖心がなく、臨死体験をしたいという人は、目には見えない臍（へそ）の緒（お）のような切れないつながりがあるとイメージして、必ず戻れると信じて臨死体験をしてみてください。

臨死体験の方法

①幽体が天井を超えて、空を超えて、銀河のなかに入り、どんどん上へ上へとあがって、光の世界に入っていくイメージをする。
②心も体も軽くなり、肉体は消えてホログラムのように光の存在になる。
③幽体は三途の川（幽界から霊界に入るゲート）の前に現れる。私はその三途の川を渡るために、宝石を渡して船に乗せてもらいました。

三途の川は、善い行いをしてきた人と、悪い行いをしてきた人では道が違い、下流、中流、上流と渡る場所が変わり、川の様子も違う。渡すものは宝石ではなくて、枯れ葉の人もいる。お金の人もいる。

下流は濁流で蛇や鬼がいたり、川のなかでも消えない炎に包まれて、火傷で真っ赤に皮膚がただれて苦しんでいる人たちや、緑のコケのようなカビの生えた場所で、恐怖心で青ざめて怯えている人たちもいる。まさに地獄絵の場所。こうした人たちは三途の川を渡り切ることができないので、ここでずっと苦しんでいる。

この幽界で足止めになるのは3割の人。中流を渡るのは4割。上流に行けるのは3割の人。今、この本を読んでいる方たちは、おそらく上流を渡れるでしょう。

上流は宝石のようにキラキラと光輝いていて、とても綺麗でハッ

ピーな気分に導いてくれる場所です。すると、あたりがお花畑に変わって、良い香りもしてきて、天国世界にいるような気分になります。気分良く向こう岸に到着できます。

④霊界の入口には、妖怪のような、元カッパだったんじゃないか？と思われるような、人間の姿と似ているけれど人間とは違う存在がいて、道案内をしてくれます。天国には直結しておらず、一度は恐怖のなかに入るように閻魔様のところに道案内されます。両脇には死神が仕えています。

⑤閻魔様がお見通しのとおり、それぞれの行いによってそれぞれの道に進んでいきます。私は教会のような丸い綺麗な聖堂にいました。アーチのあるステンドグラスがとても美しく、虹色に光っています。お部屋の真ん中には円形の8段の階段があり、その上に白い彫刻が施された骨董品の棺が置かれ、そのなかに入りました。

⑥上から光が当たって、天井の扉が開いて、まるで、人間を神様に捧げる儀式のように、棺ごと吸い込まれるように光のなかをあがってきました。途中でリアルの自分も意識を失うように眠り、夢のなかで続きを見るかのように、再び光のなかにいて、黄金の光に包まれて神々に守られていることを感じました。神々の愛に包まれたまま光と一体化して、私は消えていきました。

目が覚めると、私は生きていました。魂は昇天したので、私の思考は空っぽです。意識は神意識で、神様の自動操縦です。神様の高い意識は居心地がよくて気持ちいいものでした。

イメージは見えても見えなくてもかまいません。ただ、そんなつもりになってみてください。これで実際に人生観が変わる人もいます。

神々からのメッセージが届く

ハーバードからL.A.に引っ越した私は120日間というもの、ずっと毎晩、泣いていました。しかも、神様に魂を捧げたら思考が空っぽになって、腑抜けの状態だったので、死んだ魚のような目をしてヤバイ感じでした(笑)。

けれど、神々からのメッセージは、とにかくすべて「YES」で進んでいきます。道を間違えると、そっちに行かないようにと邪魔が入ります。

――つまり、神々のメッセージを受け取ったからといって、幸せになれるわけではないのです。苦悩も多くて大変です。しかし、前進するしかありません。

最初はニューヨークに呼ばれました。私は学生時代からアメリカ横断を2回経験していたので、ニューヨークも飛行機で飛ぶのではなくて、セドナなどのパワースポットに立ち寄りながら車で行くことになりました。

ちなみに、私は車の運転をすると幽霊や5次元の存在が見えてしまうから危険です。そこで、一緒に旅したいという仲間が運転してくれることになりました。私は助手席専門です。

ニューヨークでのパーティへのお誘い

ニューヨークには知り合いもいないし、用事もありません。数日滞在したら日本に帰国するのかな？　そんな軽い気持ちでキャンプしてアーシングもして、夜空とお話をして、ほぼトランス状態のまま、スピリチュアルな旅を進めていきました。

セドナでは、元気をもらおうとサイキックリーディングに立ち寄りました。ところが、傷口に塩を塗られるように辛い宣告を受けました。なんと離婚の痛みは今後7年間は続くというのです。聞いただけで心は重くなりました。

するとその晩、こんなメッセージが降ろされました。

「なぜ苦しむのか？　それは、あなたのところに困っている人や苦しんでいる人が来たときに、その人たちをないがしろにすることなく、気持ちをわかってあげられる人になるためなのだ」

聞こえてくる声は、男神のときもあれば女神のときもあります。

そんなアメリカ横断の旅の途中で、「ニューヨークで開催されるパーティに参加しない？」というお誘いのメッセージが入りました。死んだ魚のような目をした私は、正直、「人になんて会いたくない、まして社交の場なんてイヤだ」という気持ちだったので、そのメッセージを無視しようとしました。

けれど、神々は私に「行くように」と言います。そのパーティには有名な芸能人の方も来られるようなので、ここに参加することが「世界平和」の役に立つことに、どこかでつながるのかもしれない……と考えて参加することにしました。

「2億円を稼ぐ」というミッション

ニューヨークのパーティに参加したその日、私は主催のJさんにお礼を伝えました。

するとJさんは、「明後日、イチローと松井の野球の試合のチケットがあるから、一緒に行かないか？」とおっしゃるのです。

私は野球のことは何も知りません。とはいえ、さすがにイチロー選手と松井選手のことは知っていたので、行くことにしました。

……これはあとでわかったことですが、なんとその方は、私の母の友人の息子さんだったのです。私の弟がニューヨークに引っ越した際にも、菓子折りを持ってご挨拶に行ったのでした。

このことを知ったとき、この出会いは神様が導いてくださった運命だと思いました。

私はJさんに「これから先、どうしたらいいのかわからない……」と、正直に悩みを打ち明けました。

するとJさんからは、思いもよらない答えが返ってきました！

「美帆ちゃん、ここはアメリカだよ？　ニューヨークだよ？　ニューヨークといえばアメリカンドリームと言って、世界中から夢を持ったたくさんの人が集う場所なんだよ！　だから、そんなふうに死にたいとか言ってないで、2億円くらい稼ぎなさいよ！

離婚して辛いかもしれないけれど、自分が2億円を稼いだら、同じだけ稼いでいるような新しいパートナーが現れるから！　大丈夫だよ」

Jさんの言葉は衝撃的でした。その頃の私は、「趣味起業」と馬鹿にされたことを引きずっていて、真剣にお金を稼ぐ自信なんてありませんでした……。だからこそ、もう生きていけない、いっそ死のうと思っていたのに……。2億円なんて、桁が違いすぎる。

もしもこのとき、私のエゴの声が聞こえていたら「無理。できるわけない。大変そうすぎる」と言っていたでしょう。

ご購読ありがとうございました。今後の出版企画の参考に
致したいと存じますので、ぜひご意見をお聞かせください。

書籍名

お買い求めの動機
1　書店で見て　　2　新聞広告（紙名　　　　　　　　　）
3　書評・新刊紹介（掲載紙名　　　　　　　　　）
4　知人・同僚のすすめ　　5　上司、先生のすすめ　　6　その他

本書の装幀（カバー），デザインなどに関するご感想
1　洒落ていた　　2　めだっていた　　3　タイトルがよい
4　まあまあ　　5　よくない　　6　その他(　　　　　　　　　)

本書の定価についてご意見をお聞かせください
1　高い　　2　安い　　3　手ごろ　　4　その他(　　　　　　　　　)

本書についてご意見をお聞かせください

どんな出版をご希望ですか（著者、テーマなど）

郵便はがき

料金受取人払郵便

牛込局承認

9026

差出有効期間
2025年8月
19日まで
切手はいりません

162-8790

東京都新宿区矢来町114番地
神楽坂高橋ビル5F

株式会社ビジネス社

愛読者係 行

ご住所 〒 TEL:　　(　　)　　FAX:　　(　　)		
フリガナ お名前	年齢	性別 男・女
ご職業	メールアドレスまたはFAX メールまたはFAXによる新刊案内をご希望の方は、ご記入下さい。	
お買い上げ日・書店名 年　月　日	市区 町村	書店

けれど、当時の私はエゴゼロ。腑抜けの状態だったので、ネガティブパワーもありませんでした。ネガティブになって抵抗するというのもエネルギーが必要なんです。生ける屍状態の私は、Ｊさんの言葉をただ受け入れるしかありませんでした。

「これは私が稼ぐというよりも、きっと神様が恵まれない子供たちとかに流すお金なのでしょうね……」、そんなふうに捉えました。

こうして、私の稼ぐ目標が「２億円」に定まったのです。

神様はお金をくれる

2億円稼げと言われても、どうやったらそんな大金を稼げるのか、全然わからない。どうしたらいいの？

わからないけど、とにかく神様のメッセージに従って言うことを聞いていればいいんでしょう……と思っていたら、早速のミッションが降ろされました。

「美帆ちゃんさー、チャネリングを教えているということは、神様からのメッセージを降ろせる人なんでしょう？　それなら、ニューヨークにいる人たちで悩みを相談したい人はたくさんいると思うから、それをやったらいいんじゃないかな？」

「は、はい……」

経営していたネイルサロンでは、ネイルをしながらお客様の相談にのっていたし、ヒーリングサロンではヒプノセラピー（催眠療法）もやっていました。潜在意識の書き換えをしたり、潜在能力を引き出したり、夢を叶えるお手伝いをしていました。とくにお悩み相談にのったり、心理治療は得意でした。

そこでJさんのアドバイスどおり、ニューヨークでもサロンをオープンすることにしたのです。

オープンしてすぐ予約の取れない人気サロンに

サロンのオープンに合わせて、「アメリカンドリーム」というニューヨークのフリーペーパーに連載までさせていただきました。そこに載ったキャッチフレーズは、

「幸運を引き寄せるヒーリングパワー　潜在能力を引き出すオーラセラピー」

というものでした。そして、すぐに予約の取れないサロンになりました。初月に100万円以上を売り上げて「神様ってすごい！　ちゃんとお金をくれるんだ！」ということを知りました。それまでの私は「清貧こそ美しい」と思っていたからです。

けれど、ニューヨークの家賃はとっても高いし、命が大切なのでセキュリティのことも考えなければならず、ある程度のお金が必要でした。Jさんが私に用意してくれた場所は、ニューヨークのなかでも高級なセレブ街で、セントラルパークの横にあるアッパーイーストというエリアでした。

マンションのなかに滝が流れていて、なんと、お隣の部屋に住んでいた

方は、世界的に有名なデザイナー、ジル・スチュアートさんだったのです！　恐るべし、ニューヨーク。

私はその後、アッパーウェストやミッドタウンでも暮らしましたが、ニューヨークのマンションの最上階は50億円とか、日本では考えられないような値段のペントハウスがあるんです。最近の話では、セントラルパークが見える高層タワーは３００億円だとか。

月収１００万円という人は、日本では人口の５％かもしれないけれど、マンハッタンでは大したことはありません。

日本だったら年収３００万円でも暮らしていけますが、ニューヨークでは年収２０００万円以上ないと、隙間風が吹いたり、セントラルヒーターの調整が自分でできなかったりするような物件にしか住めないのです。日本のような綺麗で温かいウォッシュレットがどこの家庭にでもあるなんて、夢のようです。年収が２０００万円以上あっても、彼らはタクシーに乗らないで、ボランティアにお金を回すとも聞いたことがありました。

日本食の食材もすべて輸入ですから、日本の7倍以上の値段に跳ね上がります。先日、ニューヨークに行った際には、大根1本1000円、ごぼう1本1000円、唐揚げ1個1000円、おにぎり1個1000円。ヒルトンホテルの朝食は1万円でした。

物価も高くて大変なので、ニューヨーカーはお仕事を掛け持ちして、朝から晩まで働いています。駅のエスカレーターでも、悠長に立ち止まってなんかいません。チャカチャカ歩いて、どんどん抜かしていきます。そんなせわしない、クラクションが鳴り響くニューヨークで、私は自分のサロンをオープンしたのです。

お隣に住むジル・スチュアートさん

心霊スポットと言えば、日本では高速道路やトンネル、お墓です。ヨーロッパなら古城。ニューヨークでは石の建築物や高層ビルが建ち並ぶ場所です。そもそもマンハッタンは1枚の岩盤でできているパワースポットなのです。あちこちで、いろいろな目に見えない存在が見えました。それだけではなくて、日本では見られないような妖精さんのいたずらの話や、魔女の話も聞けて楽しいところでした。

さらに、女性だからといってお仕事をしないなんてもったいないというか、女性でもちゃんとキャリアを構築できる国なので、自立心のある素晴らしい女性たちにたくさん出会うことができました。尊敬できる女性は何人もいましたが、私にとって一番インパクトがあったのは、やはりお隣のお部屋に暮らすジル・スチュアートさんでした。

彼女が帰宅するのは靴音でわかりました。コツコツコツ……。高いヒールを履いているので、その靴音が廊下に鳴り響きます。家のなかでも靴を脱がない文化なので、室内からも聞こえます。黒いワンピースに黒い大きな帽子を被って、まるで映画の主人公のようです。

同じ人間なのに、同じ女性なのに、なぜ、こんなにも人生が違うのだろう？　と思いました。

ジル・スチュアートさんは世界的にブランドを展開しているわけですから、そのビジネスも、何十億円、何百億円という規模になっていることでしょう。世界に出ていくには言葉の壁がある日本人とは、そもそもが違います。

とはいえ、アメリカ人なら誰でもこんなふうにチャンスに恵まれるのかと言えば、そうでもありません。ハーバード大学を卒業しても、ミリオネアになる人は２％だそうです。だからミリオネアというのは、アメリカ人にとってもアメリカンドリームなのです。

日本にいたら想像もしなかった「目指せ2億円」も、アメリカでは周りにすごい人がいすぎて、その金額が小さく感じるくらいになりました。「2億円を寄付するくらいでいいのかな?」と、そんな錯覚をしてしまいそうになるほどでした。

桁違いのニューヨークのお金持ち

アメリカ人ばかりではなく、ニューヨークに暮らす日本人にもすごい方がいました。なんと、日本で所有していた99棟のビルをすべて、リーマンショックの前日に売り抜けることができたという方に出会いました。

ニューヨークで資産ゼロから始めて、ビルを8棟買ったという日本人の女性にも会いました。

中国で400万円で買った土地が、4年後には4000万円になり、その半分のお金でニューヨークに2000万円のマンションを買ったら、さらに4年後に1億円になったという人もいました。

すごいですよね。日本で普通に暮らしていたら、おそらくそんな発想なんて、浮かばなかったでしょう。こういう場所にいたら、不動産で資産を作っていくことは、地道にお金を稼ぐことよりも賢い方法だとわかっていきます。

でも、その頃の私には、不動産を購入するための頭金すらありませんでした。

2億円をミッションと

思って、黙々と一生懸命に仕事をこなしても、1000万円が2000万円、2000万円が3000万円になることはあっても、億に到達するには遠すぎました。なかなか、というより全然、2億円という数字は見えてきませんでした。

どうしたらいいんだろう?

結局、私は、労働をしている限り億万長者にはなれないと悟りました。

貧乏暇なし。億万長者になりたかったら、不動産か、株か、事業をやるしかないということです。やっぱりそうなのかーー。お金のない私はどうしたらいいのか? 不動産も株も事業も、どれもお金がかかることだから、私には叶わないことなのだろうか……と、あきらめかけていました。

働かなくてもお金が入ってくる仕組みを作る

私には2億円を稼ぐという目標以外に、もう1つ別のミッションが降ろされていました。それは、「働かなくてもお金が入ってくる仕組みを作ること」でした。

稼いだお金が2億円にならない間、私はずっと労働していました。株も投資も怖いから、なかなか手を出せるものでもありません。

「投資」とは「資本」を「投げる」と書きます。けれど、正しい投資とは、資本を「守る」ことです。

ところが日本では、「失くしていいと思えるなら投資しろ」などと言われて、失くしても大丈夫と思える金額内で投資をするのがいいとされます。そして、美味しい話の9割は詐欺です。増えると思ったお金は、ゼロになって消えてしまいます。

しかし、海外では「失くすような投資はしてはいけない」と習います。絶対に失くならない投資で資産を増やしていかないと、それは真の投資とは言わないのです。

日本人は〝楽して簡単にお金が増える〟という言葉に、すぐに騙されます。知識のなさもさることながら、投資に対する基礎的な考え方の教育からして間違っているからです。

そうはいっても、今のままでは何も変わりません。私にとって、唯一怖くなかったのが、投資の対象が目に見える不動産投資でした。その不動産投資に踏み切った結果、今では、国内外に10軒ほどの物件を持っています。買ったら倍に値上がりするなどの奇跡も体験しながら、毎月、働かなくても生きていけるだけのお金が入ってくるようになり、3億円以上の資産を作れるまでになりました。

お金に困らない幸せな人が、他の人も幸せにできる

なぜ投資がミッションになったのかと言えば、働かなくてもお金が入ってくる人になるためです。お金のために生きるのではなくて、周りの人に幸せをもたらす人であるためです。

お金に困らない潤っている幸せな人だからこそ、他人を幸せに導いていけるという、お金の循環の法則によるものでした。

ちなみに、私の不動産投資の話を聞いて、「すごい！」と感心してくださる方がいます。でも、私がその方法を弟に教えたら、彼は今１００軒の不動産を持っていますから、それに比べると全然すごくありません。私は自分を養えるくらい。弟は家族を養えるくらい。

そして最近、１人で１００億円の資産を不動産で作ったという素敵な女性に出会いました。仲良くしていただき、カンヌ映画祭のレッドカーペットにもお誘いいただきました。手堅い資産は人からの信頼も作ります。

生活していけるだけのお金を資産が自動的に作ってくれるようになったら、無理をして働く必要もなくなります。そこから先は、好きなことを好きなだけ、やりたいことはやっても、やりたくないことはやらなくていい人生を歩めるようになります。

そして、増えたお金で多少のリスクを背負えるようになりますから、さらに増えるように投資していこうという気持ちになります。

最終的にわかったことは、投資のなかでも自分のビジネスをするのが一番利回りが大きくて、お金を増やせるということです。今ではSNSで30人の集客ができるようになったら、そこから広告を使って、どうやって1億円以上を売り上げられるようになるのか？　そんなロードマップや、方法も教えています。

今まで良い人として自分の人生を犠牲にするような生き方をしてきて、我慢を強いられてきた方には、世界の富裕層に負けないくらい、たくさんのお金を稼いでもらいたいと思っています。日本人からもたくさんのミリオネア仲間が生まれてくれることを願っています。

良い人にこそ、たくさんお金を稼いでもらいたいのです。それはなぜかというと、そんな良い人たちは良いことにお金を使ってくれるからです。社会貢献にもたくさんお金が必要だから、世のため、人のために、お金の循環を起こせる人にお金を稼いでほしいと思います。

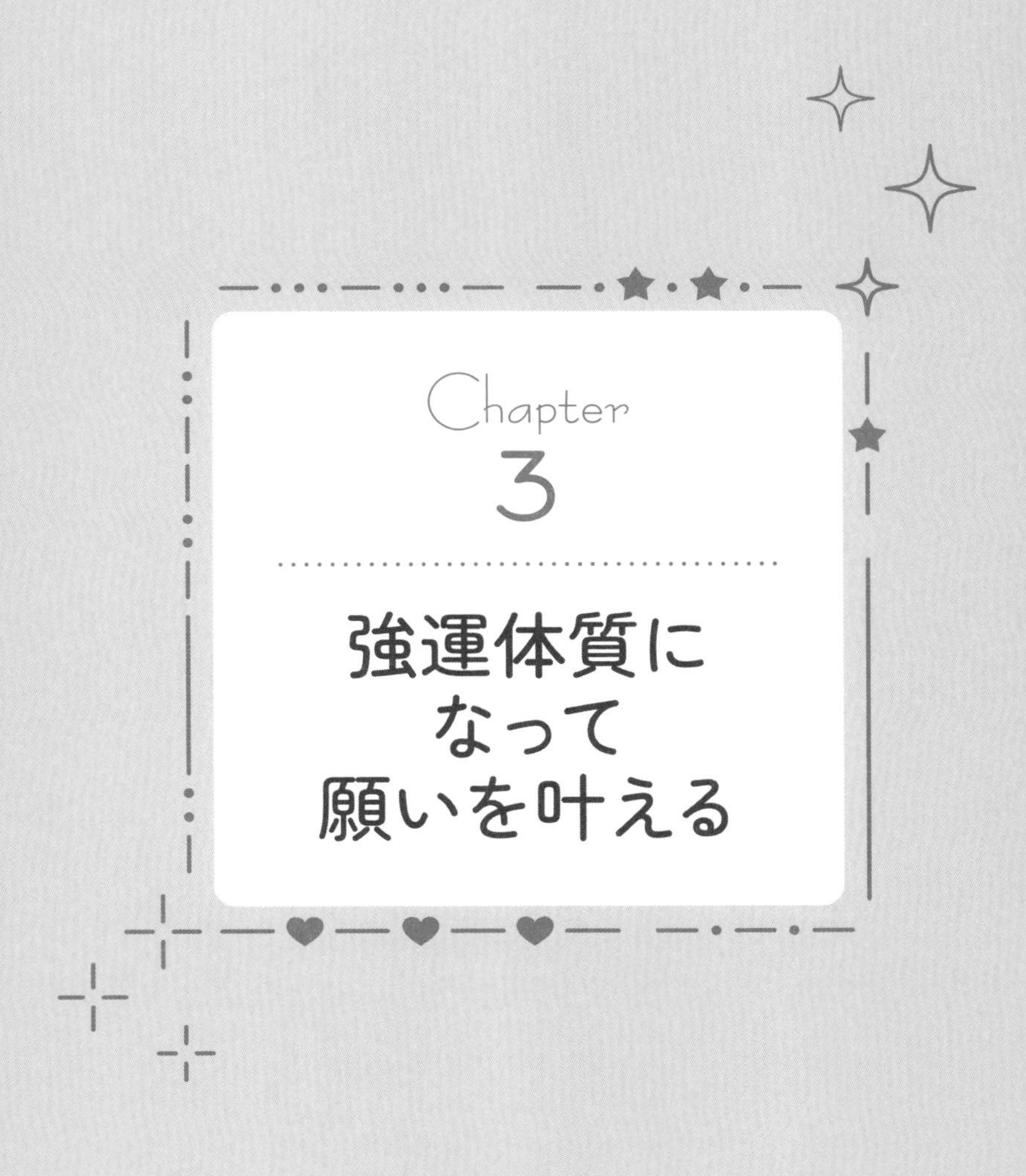

Chapter 3

強運体質になって願いを叶える

ものを捨てて不安をなくすトレーニング

日本では、どんなにお金があっても不幸なお金持ちという人をよく見かけますが、ニューヨークでは幸せなお金持ちにたくさん出会いました。おそらく、幸せ思考じゃないとやっていけない街でもあったんだと思います。生きるだけでも精一杯という大変な街だからです。

ニューヨークのお金持ちからは、目からウロコの衝撃的な教えをいくつももらいました。もっとも衝撃的だったのは、日本からニューヨークに移住してレストランをオープンして、ＮＨＫやＣＮＮにも出演し、ミシュランにも載った凄腕社長です。

その社長さんには、こう教わりました。

「美帆ちゃん、スーツケース２つだけで暮らせるように身軽になりなさい」

えぇぇぇぇぇ！

当時はまだミニマリストなんて言葉もありませんでした。こう言われて最初は驚きましたが、でも、たった2つのスーツケースに入る荷物だけで旅行のような気分で生きていけたら、どんなに身軽でしょうか。ちょうどニューヨークに暮らして半年目くらいで、どんどんものが増えていた時期に聞いた言葉でした。

それから私はセレブのマネをして、ものを持ち歩かないようにしました。

セレブは外出するとき、小さな鞄1つだけしか持たないのです。かの有名なジェーン・バーキンに由来するバーキンは大きいじゃないか？　と思う人もいるかと思いますが、あのような大きなバックはお付きの人が持つのですね。

私にはお付きの人なんていなかったので、鞄を小さくして、最小限のものしか持ち歩かないようにしました。1人だから忘れも

のがないように、大きな鞄になんでも入れて持ち歩くのが安全のように考えていましたが、それは真逆だったのですね。

大きな鞄になんでも入れて持ち歩いてしまうのは、不安だからです。
不安だから、本当は不要なものまで鞄に入れて持ち歩いてしまうのです。

（ちなみに今では、お付きの人まで現実化しました。）

お金の不安があると投資で勝てなくなる

投資でも、なんだか調子が悪くて勝てなくなってきたときは、抱え込んでいるものをどんどん捨てる、家にある不必要なものをどんどん捨てると良いと言います。そんなことが投資に影響するのか？　と思う方もおられると思いますが、捨てられない、手放せない……という心理は、「不安」からくるのです。

つまり、「お金の不安」があると、「投資で勝てなくなる」のです。

小さな鞄と大きな鞄では、それだけ抱え込んでいる不安が違います。小さな鞄には必要最低限のものしか入りませんが、それでなんとかなる、大丈夫。私も慣れるまでは大変なこともありましたが、実際、なければないでなんとかなってしまいます。
だから私は、今では手ぶらでも全然大丈夫です。

「捨てられる」＝「捨てても大丈夫」＝「自信」

この考え方が「潜在意識」に影響して不安から解放され、投資でも勝てるように運気が変わるのです。

同じお金持ちでも、不安を元に資産を築く人がいます。そのこと自体は良いのですが、お金を手にしたあともまだ不安を持ち続けていると、結局、破産したり、失敗したり、倒産したり、詐欺にあったり、事故にあったりして、振り出しに戻るのです。
宝くじが当たっても幸せなお金持ちになれる人は、ごくわずかだと言います。多くの人は、宝くじが当たる前よりも借金が増えるというのですから、怖いですよね？
思考を整理して、不必要な考えを捨てる。人間関係を整理して、悪縁を断ち切り、良縁を引き寄せる。すべてはつながっていますから、不安や不要なものを手放すことは、幸せなお金持ちになるために必要な要素なのです。

お金に愛されるために、自分を愛で満たす

お金の不安、深層心理の不安を手放すためにはどうしたら良いのでしょうか？

それは、心の奥底に大切な「愛」があることです。**「愛」の深さがその人の器となり、収入に影響します。**

本来、愛にあふれていた私も、離婚後はしばらく恋愛恐怖症になってしまいました。恋愛相手をなかなか信用できなくなってしまったのです。今はたっぷりの信用をして生きられるように変わりましたので、良かったです。

一番難しいのは自己愛

「愛」の深さは目の前の人を楽しませるというサービス精神にも直結してくると思います。私は、「はじめて会った人に『次回、お金を払ってでもまた会いたい』と思っ

てもらえる人になりなさい」と教わってから、そのような価値を提供できるためにはどうしたら良いのか？　といろいろ考えるようになりました。

そして、相手のために考えられるサービスをできるだけ提供するようになりました。

けれど、最終的にたどり着いたゴールは、何かを与えるのではなくて、存在だけで良いこと、笑顔だけで良いこと、それだけの価値がある存在になること、でした。

〝愛にあふれる自分〟という存在価値だけで、相手に何かを施さなくてもお金をもらえるのです！

この新しい価値観を得たことは、他人にまとわりつくゾンビさんやクレクレちゃんにエネルギーだけを吸い取られたり、良いように利用されていく「お人好し」人生から卒業するタイミングにもなりました。どん底からもう一度自分を愛せるようになって、月収は１００万円を超え、他者愛にあふれて月商１０００万円を超えました。さらに今は、社会への愛や地球愛にあふれて、月商1億円というフェーズです。

こう聞くと、世のため人のために動くというのは難しくて大変なことだと感じますか？　いえ、違います。実は逆なんです。

一番難しいのは、自己愛です。お金を稼ぐのも、最初のゼロからイチへの段階が一番難しいのです。そこを超えれば、あとは量を増やすだけ。量を増やせば質も上がります。お金の金額が増えるほど、お金を増やすのはとっても簡単になるのです。実際、地球愛が一番簡単です。

お金はゼロイチが一番難しくて、大きなお金を動かすほうがとっても簡単だと知っておいてください。その根底には「愛」の力が必要なので「自己愛」が何よりも大切です。自分を愛で満たすために、天使や女神からの「愛」をたっぷりと受けて、その「愛」があふれて知らない間にあなた自身が「愛」の泉になるというイメージトレーニングをしてみましょう。

自己愛HOTトレーニング

お金を循環させるには、まず自分を愛で満たしてあげることが必要だと言いました。そのために、体調がすぐれないとき、疲れたようなときは、自分をいたわってあげる時間を持ちましょう。

次のような症状を感じたら、自分を愛するタイミングです。

【症状】 体調がすぐれない、疲れが抜けない、やる気が出ない、なんだかだるい、落ち込んでいる、など。

【対処法】 不必要なエネルギーを手放すことが必要です。ものを捨てる、思考を捨てる、人脈を捨てる、悪癖をやめる、トラウマ解放、完璧主義から卒業、などをやってみましょう。

【症　状】無理をしている、我慢している、自分にウソをついている、頑張りすぎている、言いたいことが言えないでいる、など。

【対処法】すべてやめましょう。もう、無理をしない、我慢しない、頑張らない。自分にウソをつかないで、自分の声に耳を傾ける。言いたいことがあるけれど言えないなら、ノートに書き出す、など。

また、何かを変えてみるのも効果があります。例えば、髪型、ファッション、インテリア、住まい（転居）、恋人、趣味、生活習慣、など。誰が見ても明らかに変わったとわかるように、ガラッと変えるのがポイントです。

さらに、自分自身をいたわる時間をとりましょう。マッサージやタッチヒーリング

をする、新鮮で美味しいものや旬のものを食べる。好きなことをする、好きな場所に行く、好きなものに囲まれる、自分の時間を予定に組む、良質な睡眠をとる、適度な運動を心がける、など。

自分を愛することは、実は他人に愛されることになり、社会や地球からも愛される人に変わります。そして、お金からも愛されるようになります。愛の循環は宇宙にもつながっていきますので大いなる幸せが舞い込むことでしょう。ぜひ、幸せな時間を徐々に長くして、ますます愛で輝いてください。

いつでも大富豪に呼ばれる準備をしておく

ニューヨークに暮らすお金持ちからは「時間を作りなさい！」と教わりました。

お金というのはこの世に無限に創出できますが、この地球上に私たちが肉体を持って存在できる時間には限りがあります。つまり、「時間」＝「命」です。そうであれば、お金より、命のほうが大切なことがわかります。

実際、ニューヨーカーでも、「お金」だけを作ろうと「時間」を削って頑張っている人たちは、頑張っても頑張っても、ずっと働き続けることになっていました。その反対に、「お金」以上に「時間」を作ろう！　と意識を変えた人たちが大金持ちになっていたのです。

例えば、50億円以上もするミッドタウンのペントハウス（最上階）に住んでいた若者（男性）も、時間を作るべきだと言いました。なぜかといえば、大富豪に呼ばれたとき、すぐに「はい」と返事をして行けるように、というのです。

彼はＦＸや株で大金持ちの仲間入りを果たした人なので、大富豪とご縁することで得られる価値、シャンパンタワーの上のほうから得られる情報の価値を知っているのです。


シャンパンタワーは、ウェディングパーティなどで目にすることがあるでしょう。シャンパングラスをピラミッド状に乗せてゆき、一番上のグラスからシャンパンを注いでいく、あれです。一番上のグラスが満たされたら２段目のグラスにシャンパンが流れ、２段目が満たされたら３段目に流れていきます。

上のほうのグラスは高波動なエネルギーの人たちです。そしてシャンパンは鮮度の高い、貴重な情報なのです。つまり、本物の儲かる話は、意識の高い人たちのところにまず流れ、彼らのグラスが十分に潤ったら、下の階層のグラスに流れていくのです。一般の人のグラスに流れてくる頃には、もう、うま味はほとんどありません。

その若者は最初、50万円から投資を始めたそうです。時間の使い方の価値を知っているのと知らないのとでは、1万倍もの資産の「差」が生まれるのですね。

この世の成功のルールは決まっているのです。どんな人でもそのレールに乗ったら成功することができます。だから、こんなダメダメの私でも、神様のお導きでたくさんの成功者とのご縁ができて、成功のレールに乗せてもらえたのです。

ニューヨークで出会った多くの成功者から「大事なことは成功者と過ごす時間を1秒でも増やすこと。誘われたら第一優先で時間を作り、会えるように準備しておきなさい」と教わりました。成功者は成功者と集って成功するからと。

格安と3000万円のクルージング

アンソニー・ロビンズのすぐ側で働いていたという、日本語も英語もペラペラの元牧師さんに会ったことがあります。彼は私に、こう尋ねました。

「あなたは格安のクルージングと、3000万円のクルージングがあったら、どちらに乗る?」

当時の私は、こんなふうに考えました。

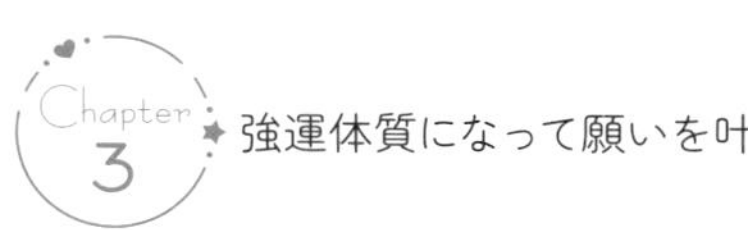

「そりゃ絶対に格安のクルージングでしょう。……いや、ちょっと待って。こんなふうに質問するということは、もしかしてその格安クルージングは、船がボロボロで最終的に沈んでしまうとか？　毎日のご飯がマズすぎて、栄養不足になるとか？　船のなかで盗難や喧嘩、トラブルが多発するなど、地獄船だったりするのかな？　だったら安いほうを選ぶのはやめよう。だけど、3000万円？　そんな大金持ってないし、そっちにはそもそも乗れないから、どうしたらいいんだ？」

私は、困惑した顔をしていたかもしれません。

果たして正解は……もちろん、3000万円でした。

実際に彼は、3000万円のクルージングに借金をして乗ったそうです。なぜかというと、その船には3000万円を払える人たちが、たくさん乗船しているから。そういう人たちとは、普通に道を歩いていてもまずお友達にはなれません。けれど、船の旅を共に経験すると、楽しい記憶と連帯感が生まれます。「また一緒に旅をしましょう！」と笑顔でお別れできれば、次に来るのはビジネスチャンスだと言うのです。

1億円を稼ぐさまざまなアイディア

彼は船のデッキで、グループのみんなにこう言ったそうです。

「みなさんのなかで、日本でビジネスをしたい人はいますか？　僕、つなぎますよー」

日本でビジネスをしたいと思っているお金持ちは多いそうです。それで、手を挙げた何人かと、どんな商品を扱っているのかなど旅をしながら聞いて、日本に卸す仲介をしたのだとか。

そのなかに、今では日本でも当たり前なあるアイディア商品を扱っている人が

いて、彼はその人から仕入れて、倍の値段で日本のメーカーに卸したそうです。この商品だけで1億円以上を手にしたと言っていました。

さらに、ハリウッドで芸能プロダクションを経営している方がいて、「日本のモデルさんや俳優さんを募集しているから、紹介してほしい」と言われたそうです。そこで日本人のモデルさんや俳優さんから紹介料として100万円をもらい、その社長をはじめ、さまざまなハリウッドの芸能プロダクションの人脈と連絡先リストを提供して、日本の俳優さんが自分で興味のあるところにアタックできるような仕組みを作ったそうです。

日本からの応募者は100人を超え、その件でも1億円を稼いだと言っていました。

1億円を稼ぐにもいろいろな方法があることを教えてもらって、世界が広がりました。労働で稼ぐのではない、仕掛けや規模、その考え方、人脈。だからこそ、ニューヨーカーはご縁を作れる時間を大切にして生きるのです。

時間を大切にする毎日の習慣

おかげさまで私は「お金」より「時間」ファーストで生活するようになりました。「お金」で「時間」を買うとは、例えば新幹線で行くところを飛行機で行って時間を短縮する、仕事をアウトソーシングする、などが考えられます。

でも、そうしたことより、もっと大事なことがあります。

まずは、自分の大切な「時間」が奪われる瞬間に気がつくことです。

【付き合う人を選ぶ】

「『成功者に会いなさい』と言われても、そもそも成功者と出会えないんです」と言う人がいます。こういう人も意識してやったほうが良いことがあります。

それは、同じ1時間でも、豊かなエネルギーに浸れる時間と、不快でエネルギーを

奪われる時間がある、ということに気づくことです。

例えば誰かと会って、勉強になったり、楽しかったり、良い情報を得られたのなら、それは豊かな時間ですね。好きな人と愛し合っている時間は、その極みかもしれません。

一方で、一緒にいると疲れる、嫌な気持ちになる、そんなストレス時間は、非常に邪気をもらってしまっていると言えます。

こうした時間の差に気づけるようになったら、これからは、なるべく前者の人たちと過ごすようにして、後者の人たちとは距離を置くようにしましょう。

【ものを探す時間をなくす】

1日のなかでものを探す時間、これをなくしましょう。あれ、どこにいっちゃったっけ？　どこにしまったかな？　こういった時間はムダです。そのためにも整理整頓は大切です。

【迷う時間をなくす】

やろうかな？　やめようかな？　これどうしよう？　行こうかな？　行かないかな？

こんなふうに、頭のなかであれこれ考えをめぐらす時間をなくしましょう。頭のなかを空っぽにして直感に従うのです。直感で受け取ったメッセージは、すぐに行動に移しましょう。

私は、神様メッセージを受け取ったら3秒ルールで「ＹＥＳ」と行動することにしています。時間の価値を理解するためにも、日々の時間を大切にすることからはじめてください。

人間関係が楽になるオーラの魔法

昔の私は人間関係に神経をすり減らして、すぐに緊張して蕁麻疹が出たり、下痢をしてしまうタイプでした。自分としては誰に対しても好意的に接したいし、たくさんの人とつながってワイワイ賑やかに楽しみたいと思っているのですが、人の輪に入るとどうしても体調を崩してしまうのです。これは困りものでした。

私は子供の頃から虚弱体質だったので、すべては自分のせいだと思っていました。ところがある日、幸せな成功者だけの集まりに参加したときは、まったく体調が崩れないことに気がついたのです。少しも具合が悪くならず、気分よく笑顔も多く、楽しく過ごせました。

こうした経験から、自分の波動をチェックする身近な方法を見つけました。

波動チェックとは、自分の発するオーラが高波動なのか、低波動なのか、それをチェックする方法です。通常は波動測定器で調べたりしますが、それがなんと機械なしでもチェックできるのです。

コンビニで自分のオーラをチェック

どうやるのかというと、「オーラ」＝「エネルギー」＝「波動」の特徴でもある、「共鳴」の力、すなわち「類は友を呼ぶ」力を使ってチェックします。

この方法はとっても簡単です。コンビニに行くだけなんです！

コンビニはとても便利でありがたい場所ですが、お菓子やおにぎり、お弁当、カップ麺などは、添加物だらけです。つまり、波動が低いものがたくさん陳列されています。そこで、家に帰る前にコンビニに立ち寄り、パーっと店内を一周して、お買い物をしてみてください。そのとき、実際には何も買わなくてもよいので、カゴを持って欲しいと思ったものをどんどん直感に従って入れていきます。

【カゴがいっぱいになった場合】

カゴがドカドカとたくさんのもので山盛りになったら、それだけあなたは〝邪気ま

みれ〟という証拠です。つまり、波動が下がっています。

【カゴは空っぽのまま、何も買わずにお店を出た場合】

あなたの波動は高く、邪気のない環境にいた証拠です。

これは、お金がもったいないから我慢するという「欲しいけれど買わない」選択とは違います。波動チェックのためなので、カゴにはドカドカ入れるけれど、その山盛りになったカゴを見て「あー、今日一日は、こんなにも波動が下がってしまったんだなー」と自覚するだけで十分です。それがわかったら、カゴの中身を厳選して、さほど欲しくないものは棚に戻せばいいのです。

実際に買わなければ無料ですから、ぜひやってみてください。

「今日は疲れたから、波動が下がっているだろうな……」と考えながら、心に従って欲しいものをカゴに入れていくと、意外に何も欲しいものがなかったり、「今日は素晴らしい人に会ったから、良い1日だなー」と思って帰ったのに、意外なことにいろいろなものをカゴに入れていて、自分でも気づかないうちにストレスがたまっていたんだな……と気づけたりします。

店内を回るときは思考を止めて、買うか？　買わないか？　ではなくて、欲しいか？　欲しくないか？　で直感を働かせて、体を緩めて一周してみてください。

Column

愛されオーラで輝く秘訣

自己愛が高まると、愛されオーラが出てきます。愛されオーラに包まれている人は、宇宙から無限の愛が注がれて、永遠の愛の泉がオーラに現れます。暖かくて優しい、キラキラとした明るいエネルギーが発光します。

その人の側にいると、周りの人にもその愛が注がれます。この愛されオーラは、トレーニングでもまとうことができます。

トレーニングの方法は簡単です。まず、ご自分の「オーラ」に意識を向けて、オーラがキラキラするように、子供の頃にやった「お星さまキラキラ」のように、顔や頭、体の周りで、手をキラキラ、ティンクル（クルクルひねる）させます。

そんな子供騙しのようなことは恥ずかしくてできない……という方は、目をつむり心のなかで、または、小声で「オーラ、キラキラ、きれい、きれい」

と唱えながら、自分のオーラがキラキラしていくのをイメージしてください。

笑顔になるように、「キラキラ」だけではなくて、ちゃんと「きれい、きれい」と口に出して言ってください。「きれい」の「キ」と「イ」に意識を向けて口角を上げて、強制的に笑顔を作ってください。こうすると脳内に本当に「刺激」＝「オーラキラキラエネルギー」が届くからです。

潜在能力を活性化して強運体質になる

強運体質を創るのに、次に大切なことは潜在能力の活性化です。私は体も弱く運も悪かったので、どうしたら自分の運が良くなるのか？　健康になれるのか？　願いが叶うようになるのか？「祈り」の他に何かないのか？　と研究してきました。

その結果、願いを叶えるにも成功するにも、目に見えない世界が大きく影響することがわかりました。日本人はこの目に見えない世界に対して、生まれながらに精通していると言われています。その力は天然自然で内在しているので、それを覚醒するだけで潜在能力を引き出せるようになります。

しかしながら現代は私たちが天然自然に生きるには、あまり良い環境ではありません。たくさんの人の「気」が行き交って、それにやられてしまうのです。

この「気」とはエネルギーのこと。「波動」という言葉も同じ意味です。「気」は目には見えませんが、私たちは知らない間に「気」というものを「意識」しています。無意識レベルでお互いに「気」を感じ合いながら生きているのです。

この「感じる」という力は、通常は「視覚」「聴覚」「味覚」「嗅覚」「触覚」の5つで表わされますが、実はもう一つ、第6感というものがあります。

日本人はこの第6感が世界中でもっともすぐれた民族なのです。多くの人が当たり前に第6感を使っています。「虫の知らせ」が聞こえる人種なのです。この第6感を覚醒させ、意識的に人生を創っていこうとすると運が切り開かれて、開運どころか、強運になります。私もそうやってたくさんのチャンスを手にしてきました。

けれど、多くの日本人は、自分にそんな潜在能力が備わっていることを忘れています。私はみなさんにぜひこの力を思い出して、強運をつかんでほしいと願っています。

強運をつかむ3つの秘訣

それではここで、強運をつかむ3つの秘訣をご紹介しましょう。

【強運をつかむ秘訣】

① 決断力をつける
② 覚悟をする
③ 3秒ルールの行動

もっとも難しいのは「決断力」です。**「決断力」とは「他を断つ力」です。**気弱になったり、くよくよ気に病んだりせず、他に「気」が変わらないように決めることでもあります。

多くの人がおかしてしまいがちな過ちは、「決断」をするときに頭で考えることです。しかしながら、これでは正しい「決断」はできません。以下の方法を実践して、「決断」上手になってください。

決断上手になるには?

【左脳で考えるのをやめる】

決断するのが苦手という人は、エネルギーの流れが頭のところで停滞しています。頭でとまっていて、首より下に降りていかないのです。左脳で一生懸命、思考している状態と言えます。左脳を活性化すると、どうしても過去の経験や統計からデータを取ってきて、恐怖や不安を抱えるようなネガティブ思考になりがちです。

自分の波動が上がってポジティブ思考になったときはやる気が出るけれど、ネガティブ思考になったらやる気が落ちる……というのは当然のことです。何事もあきらめがちで、モチベーションが継続しない人もこのパターンが多いようです。

エネルギーが頭でとまっている人は、他人軸になり、人生のハンドルを他人に渡してしまうことにもなりかねません。他人からの目も気になるし、嫌われたくないと考えて、自分のやりたいことが思うようにできなくなるのです。

また、思考で判断していくので、考えがまとまらなかったり、決めたはずの考えがコロコロ変わったりします。

【心で決めるのをやめる】

心で感じて決めようとする人もいますが、これもダメです。「女心と秋の空」と言われるくらい、心はコロコロと変わるものです。感情に流されて、すぐに心変わりします。飽きっぽい人は、心で決めていることが多いのです。

【丹田で決める】

正しく決断するためには、頭でも心でもなく、腹落ちさせることです。腹落ちしたら、へそ下丹田で「決まり」が固まります。そうすると生み出す「生産パターン」へとつながっていくので、物事がイメージから現実化のステージに移行します。

決断力は高まり、行動力へとつながっていきます。エネルギーはそのまま下半身へと流れて、大地からのグラウンディングのエネルギーへとつながっていきます。地に足がつくと言われるエネルギーです。

決断力を高めるには？

【決断力を高める方法】

① 「腹を据える」と言いますが、決断力を高めたいときは、おへその下の丹田にエネルギーを入れるように意識しましょう。

② そのときは、体の前から見て時計回りにエネルギーを入れていきます。自分のほうから見ると、エネルギーが上、左腹、下、右腹の順番でくるくると回転して入

ってくるイメージです。

③ご神仏に「決断力を高めるためのパワーをください」とお祈りをして、エネルギーをもらってください。眩しい光が回転しながら、おへその下の丹田に入ってくるイメージをしてみましょう。

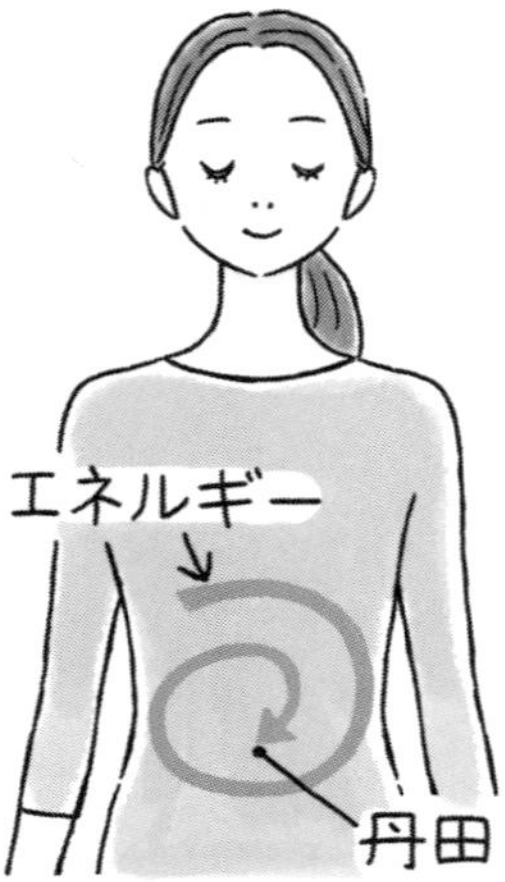

これができるようになると「覚悟」も決まります。「覚悟」が決まると行動力も高まりますから、あとは直感で受け取ったアイディアやひらめきを「3秒ルール」ですぐに行動に移すようにすれば、最強の強運の持ち主になれるでしょう。

Chapter 4
「愛」と「お金」はエネルギー

愛の力を高めよう

ある程度のエネルギー（波動）の扱い方がわかったら、いよいよエネルギーマスターとなって、最後は愛とお金を引き寄せられるように変わりましょう。「お金」＝エネルギー、「愛」＝エネルギーです。けれど、エネルギーだから、実際には目に見えません。だからこそ、お金や愛を「エネルギー」として考えてみると、また違った角度で捉えられるようになると思います。

少なくとも私は、この「お金」に対する考え方や意識を変えただけで、豊かさの中心で生きていけるようになりました。ここからはちょっと非常識な話も出てきますが、そんな非常識な世界に暮らすことで、日々の生活では「お金」に困ることがなくなり「お金」は増えるしかなくなるというステージに上がれました。

なぜ私が精神的にも経済的にも成功できたのかといえば、それは「愛」と「お金」

のエネルギーが「霊」のエネルギーと共通する部分を発見できたからです。

これは「霊」について熟知したスピリチュアルマスターの私でなければ、気づくことができなかった真実です。多次元世界の住人である私だからこそ発見できたのです。

なので非常識なお話をしますが、同じように考えられたら、あなたの未来にも豊かさが広がっていくでしょう。

「お金」に対する悪い思い込みをお祓いする

それでは、いきます。まず、お金もエネルギーということは、生きているということです。つまり「お金」には人間のような「自由意志」が存在します。そして「お水」のように変化変容したり、流れていくという特徴があります。

これを理解しただけでも、あなたには今後「お金」の流れの循環が起きることでしょう。「お金」の「氣」の流れを意識できるようになるはずです。

まずは「お金」や「お金を稼ぐこと」に対するブロックを取り除きましょう。これは、入ってくる「お金」さんに悪いものがついていたら、それが固まり、まるで血液中の老廃物とかコレステロールのようにブロックとなって、あなたのお金の流れの循環を滞らせるからです。

こうしたブロックは、悪い「霊」だと思ってお祓いしましょう。お金の流れが滞らないように、強制的に浄化してほしいのです。

「お金」さんに憑いている悪い「霊」とは、次のようなものです。

①あなたの「お金」に対する悪想念
②あなたの「お金を稼ぐこと」に対する悪想念
③あなたの「お金持ち」への悪想念
④あなたの「お金」の稼ぎ方の間違えた考え方
⑤流通のなかで触れた他人の「お金」に対する悪想念
⑥自分だけが得したり、誰かから奪ってやろうとする悪魂根性
⑦「お金さえ稼げればなんでもいい」と考える悪商魂
⑧その他　すべての邪気など

こうした不要なエネルギーを「霊」と思って祓って「お金」さんの「氣」を整えることが必要になります。お祓いができると「お金」さんは輝き出して、居心地の良い場所、つまり、あなたのところに新しいお友達を連れてきてくれる性質があります。

「お金」さんは「愛」が大好物

お祓いするには、どうしたらよいのか？

あなたのオーラに「愛」のハートをたくさん増やすだけです！

人にはオーラがあり「愛」にあふれた人は、オーラにハートがたくさん飛んでいます。「愛」なんて信じない！　とにかく、早く「お金」が欲しいんだ！　という方もいるかもしれません。しかし、そう考えるのであればあるほど、あなたのオーラに「愛」のエネルギーが必要です。

その理由は、「愛」が「お金」さんの大好物だからです。「海老で鯛を釣る」という諺がありますが、たくさんの「愛」をオーラにばら撒くことで「お金」さんがたくさん集まってくるようになるのです。

「お金」の稼ぎ方を頑張って学ぶより、早くお金が欲しいと詐欺まがいのことをするよりも、私たちは「愛」のエネルギーを増やし、愛し合う人間関係を構築したほうが圧倒的に収入は高まるのです！

悪いことをしてもそれは神様が許しません！　だから、長くは続かないのです。**良いことをしましょう。周りの人の役に立つことをしましょう。人から褒められること、喜ばれることをしましょう。感謝されることをしましょう。**

そして「愛」にあふれたお金持ちや成功者と一緒に過ごしましょう。

お金に対する考え方を変える

お金持ちになるには「お金」に対する考え方を改めると良いとわかったなら、次は「お金」に対して、3次元的な考え方である「所有物」という見方も変えましょう。

つまり、その「お金」は誰のもの？　あなたのもの？　私のもの？　というような分離した考え方から卒業するのです。宇宙と一体化するワンネス思考が、この分離的思考から卒業するのに役立ちます。次元上昇して、ワンネスの世界で「お金」に対して考えるのです。

高次元に上昇すると、この世のすべての「お金」は、そもそもすべてあなたのものだと気づくからです。

あなたの世界はあなたが創っています。「私には『お金』がない」と思えば、それがあなたの人生の設定となって、あなたの人生での「お金」はどんどんなくなってい

きます。他人を見て「羨ましい」と悲しくなったり、悔しがったりすれば、それがまたあなたの人生の設定となり、その感情が繰り返される人生を創っていきます。

その負の連鎖を止めましょう！

そのためには、まず「お金」をエネルギーとして捉えてみてください。物質的な世界、この世の3次元世界から次元上昇して、高次元、高波動になると、それまで見えなかったことにも気づくようになります。**今は無理だろうと思えても、お金持ちになれるのです。あなたには無限の可能性があるからです。**

「お金」のブロックはなぜあるのか？

そもそも、なぜ、「お金」のブロックがあるのでしょうか？　それは、そういった仕組みが作用しているからです。誰かが大量に「お金」を持つと、それが権力にもなるので、それを阻止しようとするエネルギーが働くのです。

でも「お金」は「お金」に集まるので「お金持ち」は、どんどん「お金持ち」になっていきます。そうすると「お金」を持った人は力を持ちます。

だから、そうならないように、私たちは「お金」に関するネガティブメッセージを子供の頃からたくさん刷り込まれて育つのです。怖いですよね？

それにも理由があり、そもそも日本人は「お金」に対してカルマを背負っています。日本人として生まれたということは「もう『お金』なんていらないから幸せになりたい」と、「お金」を手放すという宣言をしてきた人たちなのです。その証拠に、世界でも日本だけが唯一の中流階級国家です。大富豪も極端な貧乏人もいない、1億人が中流の社会。このような国は、他にありません。

こうした理由から、私たち日本人は「お金」なんて関係ない！「お金」の話はするな！「お金」に盲目になるな！など「お金」をたくさん稼がないように、なるべく「お金」に対して無知なまま「お金」を遠ざける考えを植え込まれたのです。

しかし、2012年、そんな私たち日本人の「お金」のカルマが解放されました。

それは土の時代から風の時代になったからで、すべての日本人が「お金」を稼いでも「トラブル」にはならない時代に変わったのです！

もちろん稼ぎ方は大切で、世のため、人のため、社会貢献につながることを選びま

しょう。天命や使命の道でそれぞれの役割に従って人々のために貢献することにより、お金の循環を創ることが必須です。その循環が大きいほど「お金」のめぐりも拡大のスパイラルの波に乗るからです。

2024年からは現実世界で豊かになる時代

2024年からの20年間はどのようになるかというと、過去の20年間で培ってきた精神的豊かさが外見に現れる時代だとされています。つまり、エネルギーマスターたちが心の豊かさを物質化させて、現実世界でますます豊かになっていく時代なのです。それは「お金」に限ったことではなく、夢の実現が加速されます。

あなたのオーラをキラキラと輝かせて、高波動キープを心がけてみてください。宇宙のルールは1人残らず平等です。同じことをすれば、すべての人に同じように働くということです。

だからあなたも、スピリチュアルマスターにまではならなくても、「お金」のブロックだけでもなくすと、今後の行動が変わって、「お金」だけではなく、その先にある欲しい未来が手に入るようになります。

実際に私の周りでも「お金大好き♥」と明るく軽くケロッと言っている人ほどお金のブロックがなくて、どんどんお金を稼いでいきます。「お金大好き♥」と公言できるようになると強いです！

お金持ちになるために、やってはいけないこと

お金持ちになるために一つだけ気をつけたいのが「お金」を必要として〝頑張りすぎない〟ことです。頑張ってはいけません。逆にいうと、頑張らなくても「お金」は流れてくるのです。

あなたは空気を吸うのに、頑張って息をしていますか？　あなたはお水を飲むのに、頑張ってお水を飲んでいますか？　あなたは心臓を動かすのに、頑張って心臓を動かしていますか？

いいえ。少しも頑張らないですよね？

「お金」の流れは全自動です。頑張らなくていいんです。

「お金を稼ぐこと」に頑張りすぎると「お金」がある人を羨ましく思ったり、憎んだり、他人と競争したり、他人から奪おうかと思ってしまったり……、人間らしい心を失って「お金」に執着してしまいます。

なかには恋人と過ごす時間を断って仕事に専念したり、家族との時間をおろそかにしたり、食事の時間がもったいないからとコンビニ弁当ですませたり、睡眠時間を削ってまで「お金」稼ぎに没頭してしまうような人がいます。

それが趣味で楽しくて仕方がないなら良いですが、ストレスを抱えながら無理をして頑張っているようだと、最終的には病気になって倒れてしまうことでしょう。過労死までいかなくても、疲労で顔色や人相が悪くなったり、不健康になって、心まで病んでしまいます。

心が不健康だと、嘘の情報も見わけられなくなります。疲労困憊(こんぱい)した耳に、心地のよい響きの詐欺話が持ち込まれたりするのです。「楽して稼げる」「一攫千金」「何もしなくてもミラクルで『お金』が手に入る」、こんな話は投資詐欺の可能性があるので注意してください。

「お金を稼ぐのは悪」も甘い言葉

「お金」を稼ぐことに罪悪感を感じる人たちのその心情を利用して、「『お金』以上に大切なことがあるから『お金』を稼ぐことをやめよう！」という究極の甘い言葉をささやく人たちもいます。この言葉には悪魔の魔法がかかっています。うっかり信じてその道に進むと、「お金」を稼ぐ力を身につけることを放棄して、自らの可能性の扉を閉じてしまうことになるのです。

「お金」を稼がなかったらどうするんですか？　誰かくれるんですか？

そういう人たちはクレクレゾンビになってしまいます。お金持ちが「お金」をくれないかな、お金持ちにご馳走されたい、お金持ちに養ってもらいたい――。

お金持ちはそんなことはしません。お金は価値の交換です。お金持ちは、それ相応の対価があるものにしかお金を払いません。そもそも払った以上にお金が増えるところに投資をしてきたから、お金が増えてお金持ちになっているのです。

だから、単なるクレクレちゃんのエネルギーバンパイアには、お金持ちは近づきません。

「稼ぐ」から「増える」ステージへ

「お金」の循環のなかに入れたら「お金」を稼ぐステージから「お金」が増えていくステージに変わります。一生、「お金」を稼ぎ続けなくていいのです。だから、ちょっとの辛抱なのです。

良いことをして「お金」を稼ぐことは、素晴らしいことです。「お金」を稼ぐことへの思い違いを正して、精神的に弱ったときこそ、甘い言葉に騙されないように注意していきましょう。

お金持ちになるためには、下記の優先順位を忘れないようにしてください。

第一に、自分の好きなことや、愛する人とのアポを何より優先すること。
第二に、健康重視で充実した食生活や、質の高い睡眠を確保すること。
第三に、誰かの役に立つ社会貢献や慈善事業に携わること。

個人で「お金」を稼ぐ力を身につけると、簡単にラットレースから抜けられます。

この段階で、自分の可能性の扉を閉じる人と、自分の潜在能力や無限の可能性に気がついて未来への扉を開く人がいます。これを眠り続ける人と、覚醒する人と言います。この本を読んでいる方は、覚醒する人、または、既に覚醒している人です。

少しでも早くあなたの「お金」に対する考え方を改め、「お金を稼ぐこと」へのブロック解除をして、無限の可能性を広げて未来を創造してみてください。これからの時代はとっても面白いからです。

お金を人格化して相思相愛になる

先ほど、「お金は生きている」というお話をしました。お金は生命体ということなので、ここでは、「金（Kin）さん」と呼ぶことにします。「お金」というエネルギーを人格化するためです。

人格化したお金のエネルギーを想像してみてください。魔法のランプから出てくるジニーのようなイメージでもいいですし、お金の神様でもいいです。

私の場合の金さんのイメージは、小学生の頃にたまたま家に遊びにきた記憶のある金色の小さい宇宙人です。グレーの金色板のような見た目でした。金さんはいろんな姿に形を変えられて、大きくなったり小さくなったり自由自在です。

「お金」は「愛」に引き寄せられる

「お金」は「お水」と同じで変化変容するとお伝えしましたが、そのとおりです。「お水」は、山から泉が湧いて小川になって流れ、やがて大きな川になって海に出て、海水が蒸発して雲になり、雨となって、また地上に降ってきますね。雪や、あられ、ひょうになることもあります。

こうした自然現象は「お水」の循環を促します。「お水」は液体、気体、個体とさまざまに姿を変えながら、地球上を循環しているのです。もし、吹き溜まりのような場所があってそこに「お水」が滞ると、「お水」は腐ってしまいます。

「お水」は流れていることが大切なのです。それと同じで、「お金」も目には見えない気体のようなエネルギーのときと、雨や雪のように物質化して目に見えるようになったときと、小川や川や海のように、流れて動いているときがあるのです。そして、それだけではなくて、お金のエネルギー体である金さんには「愛」があります。そのため、同じように「愛」があるところに共鳴して引き寄せられていきます。

つまり、金さんは目には見えないエネルギーの状態で私たちのオーラにある「愛」

に引き寄せられて、そのなかに入ってきます。それが宇宙の法則に従って物質化すると「お金」という目に見える形に変わって、あなたの現実世界に現れてきます。あなたがそのお金を使うと、お金の流れに乗って流れていくのですが、あなたのなかに金さんに対する「愛」があると、金さんはお友達も連れてまたあなたのところに戻ってきてくれるのです。

「お金」を愛情を込めて人格化する

私は「お金」に対するいろいろな抵抗感をどうやってなくそうかと考えたとき、そうだ、お金を金色の宇宙人「金さん」と人格化することで、金さんを愛し、仲良くなれば良いのだと気がつきました。そうして金さんと相思相愛になって「お金」の引き寄せにも成功するようになったのです。

最終的には、私が働かなくても大丈夫なように、金さんがたくさんの仲間を連れて戻ってきてくれて、さらに分身の術でお金を増やしてくれるようになったのです。

私はこうして、「お金」や「愛」や「幸せ」のエネルギーの循環のなかに入ることができました。

こんな話、バカげている、ウソだ！　と思われるかもしれません。でも、ウソだとしても脳は騙せるので、波動が変わります。どんな手法でも良くて、とにかくあなたの波動が上がって「愛」に満たされればいいのです。

もしあなたが植物が好きならばお花にたとえても良いでしょうし、動物が好きな人は動物にたとえても、漫画が好きなら漫画のキャラクターでも、自分にとってしっくりくるならなんでも大丈夫です。**お金を人格化してみましょう。思い込みが効果を生みます。**

私は決してバリバリ働いていたわけでも、キャリアがあったわけでも、財閥の家柄とか商家に生まれて、最初からお金持ちだったわけでもありません。でも、こんなふうにしてマネタイズがとっても上手になったのです。

どちらかというと天然で、アホだと言われるくらい、見えないものは見えるのに、見えるものは見えなくてヤバい人です。ど天然ですね？　って言われるのに、夢実現の引き寄せパワーが圧倒的に強くなってしまったのです♥

この方法なら、あなたにもできますよ。求めよ、さらば与えられん。

1000億円という桁外れの額だって叶う

「愛」にあふれる人になれば「お金」のエネルギーをいくらでも増やしていくことができます。とはいえ、どこまでお金持ちになれるのでしょうか？　たとえば1000億円を稼ぐことはできるのでしょうか？

1000億円なんて、簡単には想像できませんよね？

金さんが教えてくれたところによると、1000億円は稼ぐのではなくて、「1000億の世界に入るだけ」だそうです。稼ごうとすると「無理だ」という気持ちが勝って、可能性の扉を閉じてしまうからだとか。

なるほど。その世界を目標にして目指すのではなくて、既に達成している世界を創る。量子力学の世界を知っている人にとっては、納得のいく答えだと思います。

あきらめずに継続するのが大事

金額を目標にしてしまうと、どうしても「頑張る」世界に突入しそうです。そして何より、お金を稼ぐことはとても簡単ですが、その簡単なことを継続することは難しく、貢献活動の数を増やすことも難しいのです。

どんなにラッキーを引き寄せるとしても、それが不確かなことだと、多くの人は途中で我に返って「馬鹿らしいことを信じてしまったものだ。やめよう、自分には無理だ」「どうせこんなことは叶うわけがない」「騙された」「私にはできない。これからもダメだろう」などと、あきらめる方向に考えていきます。その思考が、叶わない世界を引き寄せ、ダメ人生を現実化します。

あと一息。ここであきらめない心が大切なんです！

いつもの思考の習慣、意識の高さ・低さは、未来に通じる無限の可能性の扉を閉じたり開いたりします。

私はこういうときこそ、宇宙に質問します。そして無限の可能性を信じて、宇宙に祈ります。

それから「お金」の専門家である金さんに「教えてー」と頼むのです。金さんは必ず答えをくれるからです。これなら誰にでも簡単にできますよね？

あとは、あなたの直感力を高めて宇宙からのメッセージを受け取り、それに従って行動するだけです。

感謝力の魔法銀行通帳ワーク

「お金は人のために稼ぐ。人のために使う」というのが私のモットーです。でも、この話をすると、消費しすぎたり、浪費してしまう人がいました。その反対に、自分のためにお金を使ったらいけないと勘違いして、貧乏神が憑いてしまった人もいました。

でも、お金持ちになるためには、自分を豊かさで満たしてください。まずは自分のためにお金を使ってください。

ただし、自分のためにお金を使いたい人のなかには、それがお金の「欠乏感」からきている場合があります。こういう人は、どんなに頑張っても負の連鎖に陥りますから注意してください。そこそこ勝っていた投資家でも、ある一定のところで勝てなくなったり、伸びなくなったりします。そんなときは、自分の内側にお金に対する「欠乏感」がないか、チェックしてみてください。

そして「お金がないと生きていけない」という思い込みは外しましょう。
そもそも「お金」は「愛」と「感謝」が物質化したエネルギーです。つまり、本来、人は「ありがとう♥」の気持ちでお金を払ったり、受け取ったりするものです。それを忘れてしまうと、お金の流れも滞り始めます。

【お金と向き合うワーク】

Q1　今日、あなたは何にお金を使いましたか？
Q2　お金を使ったときの感情を思い出してみましょう。喜んで使いましたか？
Q3　お金を使えて感謝できることはなんですか？

その使ったお金で受け取ったものや、未来の自分の成長や向上、豊かさなどについても考えてみましょう。

【通帳に豊かさをつなぐワーク】

あなたの銀行通帳に豊かさをつなぐワークをしてみましょう。

あなたの通帳に数字を記入するために、消せるボールペンか鉛筆を用意してください。

❶

通帳の残高を10万円としてみてください。そして、嬉しく楽しく「ありがとう」という愛と感謝を込めて、10万円分のお買い物をしているイメージをしてください。

❷

次の日は金額を倍にします。10万円の倍ですから、20万円ですね。

昨日10万円使っているので、出金のところに10万円と書いて、合計金額から10万円を引いてください。

その10万円を喜びと愛と感謝の気持ちで使ったので、お金が循環して、新しく20万円が入金されたと思って、また下の段に20万円の入金を書いてください。さらに合計のところにも、20万円がプラスされた金額を書きましょう。

❸

その次の日は、20万円の倍ですから40万円になります。

同じことを繰り返してください。

❹

40万円の次の日は80万円

❺ 80万円の次の日は160万円

❻ 160万円の次の日は320万円

320万を何に使いましょうか？　そろそろ使い道もなくなってきたのではないでしょうか？　ちゃんと喜んで使い切れましたか？

❼ 320万円の次の日は640万円

なんだか購入するものに変化が出ていませんか？　買うレベルが変わってきますよね？

❽ 640万円の次の日は1280万円

ここまでくると、もう買うものが見当たらない人もいますね？

❾ 1280万円の次の日は2560万円

❿ 2560万円の次の日は5120万円

⓫ 5120万円の次の日は1億240万円　……

途中でお腹いっぱいになって、このワークをやめてしまう人もいます。あなたの「お金」への渇望はいつまで続くでしょうか？　この先も、自分がお腹いっぱいになるまで実践し続けてみてください。

お腹いっぱいになると胸もいっぱいになります。**心が「愛」や「喜び」に満たされた状態になるので、あなたの波動が上がり「愛」や「感謝」があふれてとっても幸せで運の良い人に変わっていきます。**

一度、このように満たされると「お金」に対する欠乏感が消えた状態になります。「お金」へのプレッシャーや邪気も祓われて身軽になり、好循環の流れに乗ることができるようになります。脳は、現実とイメージの区別がつきません。つまり、あなたがブロックしない限り、あなたはこれから、どんどん好きなだけお金持ちになれます。

自分にはそれに見合う価値がある

実は、私は女子大生の頃、雑誌の影響でブランド物に憧れていました。卒業旅行でヨーロッパを周遊したのですが、円高というラッキーな時期だったこともあり、まるで映画の世界のように、ミラノでもパリでもロンドンでも、ハイブランドショップでお買い物をして帰ってきました。

ところが、就職先のお局様にブランド品を禁止されてしまったのです。周りの目を気にして使えなくなり、結局、タンスの肥やしになってしまいました。

この一件がトラウマになって、私はブランド品が嫌いになりました。そして、ノーブランドやユニクロでも、素敵に見える輝く自分になろう！　と決めたものの、低身長だし、キューピー体型だし、そういった輝く自分ともかけ離れていきました。

そんなある日、生徒さんから、「桜井先生は、どうしてシャネルの服を着ないんですか？」と質問されました。

え？

正直、なんだか目から鱗でした。

シャネルの服は可愛いです。そして高いです。でも、それを着ていてもおかしくないと、周りの人から見られるようになっていたのです。

人生のステージが変わった！　新社会人のときは目立ったから叩かれた。でも、今は先生になって実績も長い！　お金も稼いでいる！

こうなると、生徒さんたちにとっては、ある種、私が見本になります。その先生が周りの目を気にして、無難に生きようとしている——。

それは悪い見本なのではないか。みんなが憧れる世界を手にした「先生」になることが、結果的にみんなへの貢献になるのでは？

そうして私は、みなさんにもっと夢を与えられる存在でいたいから、自分の小さな器は早く卒業して、もっと大きな器になろう！　と決めた日がありました。

自分の価値を認めるだけでブランド品がやってくる

潜在意識は自動操縦なので、一度広げた器はずっとそのままになります。**ブランド品を否定すれば自分のところには入ってこないし、一度、受け取りを許可すれば、そのあとはずっとブランド品が手に入るようになります。**

これは「お金」の法則とまったく同じです。「お金」のエネルギーがシンプルにブランド品に形を変えただけです。

自分の価値を認めれば、「お金」をたくさん稼いでいなくても「欲しいもの」は手に入るようになる。これは、目に見えないエネルギーをマスターした人たちの常識です。もしあなたが「お金」がないと何も手に入らないと思い込んでいるなら、その思考も現実化するので注意しましょう。

私も貧乏根性から卒業して「自分にはその価値がある」と設定しただけで、ブランド品をプレゼントしてもらえるように変わりました。プレゼントでいただけるなら、「お金」がないから買えないという世界からも卒業できますよね。

グローバルな視野で「お金」を稼ぐ

日本人は貯金が好きです。貯金というのは銀行に投資をしていることになるのですが、それを知らずに貯金している人が多いです。それは、日本では銀行に対して信頼があるからです。いつ銀行が倒産するかわからない、そんな経済状況だったら、もっとお金の使い道について真剣に考えるようになります。

生徒さんから、「銀行の預金は、なんでダメなんですか？」と聞かれたりしますが、ダメなのではありません。でも、金利が安すぎるのです。

今の日本の銀行に、普通預金で1年間預けると

・100万円で10円

・1000万円で100円
・1億円で1000円

たったこれだけしか、利息をくれません（金利0・001％として計算）。1億円も銀行に投資しているのに、1000円しかプラスにならないなんて、ビックリしませんか？

昔の日本は違いました。年利7％くらいもらえた時代があったので、その時代は「1億円で700万円」もらえたのです。私たちの両親がどうして「貯金をしなさい！」と言うのかといえば、このような時代を経験してきたからです。

しかし、今は時代が変わってしまいました。銀行がダメではないけれど、もっと賢く投資する方法がある、ということです。

けれど、世の中には詐欺話も多いので、騙されないように注意しないといけません。資産がゼロになってしまったら本末転倒です。それなら、お金が減らないだけ、貯金のほうがいいでしょう。

お金に関してグローバルな視野を持つ

今は円安です。つまり、円を持っているだけで、円の価値は下がっています。円安が続くようなら、資産は目減りしているのと同じです。

一方で、日本を訪れる外国人観光客を相手に、賢く稼いでいる人もいます。Airbnb（エアビー）を使って、豊洲市場めぐりを1人500ドルで募集している人もいるそうです。お客様が3人集まれば合計1500ドルですが、それって23万円ですからね（1ドル＝155円で計算）。日本のOLの月収くらいを、たった1日で稼げてしまうのです。

これからは、どれだけ物事をグローバルな視野で考えられるかがより大切な時代になります。こういう意識を持つと、お金を「生き金」に替える賢い選択にも敏感になっていけるでしょう。

お金は使ったらなくなってしまうのではなく、その場で姿・形を変えるだけです。あなたのお金は、一生あなたのところからなくなりませんから、安心してください。

お金を使うときの感情が大事

お金の循環がわかって、お金を「生き金」に使うこともわかって、お金を社会貢献に使うと運気が高まることもわかったら、次に大切なことは、その「お金」を使うときの「感情」です。

「愛」のエネルギーが大切だとお伝えしましたが、どんなにお金を使えるようになったとしても、どんなに寄付をするようになったとしても、「お金」を使うときに、

「あー、もったいない」
「あー、払いたくない」
「あー、後悔」
「あー、無駄になったらどうしよう」

「あー、買わなければよかった」

このような感情では、金さんを悲しませます。そして、悲しんだ金さんは二度とあなたのところには戻ってきません。もちろん、お友達を連れてくることもなくなります。金さんにたくさんのお友達を連れて戻ってきてもらうには、金さんと相思相愛になることが大事でしたね？　だけど、金さんにはあなたの深層心理が伝わりますから、人間相手のように本音と建前の使い分けは通用しません。

金さんと相思相愛になるためにあなたがこれからやれることは、本当に心から気に入ったものだけを購入することです。そして、不要なものは捨てること！　なるべく無駄なものを買うのはやめて、無駄遣いを減らすこと。良いもの、高品質、新鮮なもの、旬のもの、あなたがときめくものだけを選ぶようにしましょう。あなたの「感情」に注意して、お金を使うようにしてみてください。

不要なら買ったばかりでも処分

もし、買って後悔したものがあったなら、その気持ちを継続させないために、すぐに捨ててください。

ええええええ？　買ったばかりなのに捨てるなんてもったいない、無理ーー！　と思ったそこのあなた！　全然、もったいなくありませんよ。

でも、捨てることができないなら、それが必要で喜んでくれる人に譲ってください。もちろん、メルカリなどで売っても良いです。あなたが後悔したり、悲しんだり、気に入ってもいないのに処分しないほうが、ものに邪気がついてエネルギーの無駄使いになります。捨てないほうがもったいないのです。

もう一度言います。

何がもったいないのか？　それは「エネルギー」です。

不要なものからは確実に「負のオーラ」が出ています。あなたの家に不要なものがたくさんあるということは、「貧乏神」を招いて食事まで出しているようなものなのです。

なので、「お金」と交換したものたちは、常々感謝したり、ときめいたり、愛を伝えて使ってください。もらったものでも同じです。もったいないからと、使わないのに所有することはやめましょう。

愛せないもの、撫でてあげられないもの、タンスの肥やしになっているもの、手にとってあげられないものは、ものであっても寂しがります。

もしも、うっかり雑に扱ってしまったり、可愛がっていなかったり、買ったことを愚痴ってしまった場合などは、それに気がついた時点で、そのものたちを抱き寄せてヨシヨシしてあげてください。馬鹿にしないでやってみてください。とにかく赤ちゃんだと思って、ものを撫でて「愛」の気持ちを伝えてください。こうすることで、ものにもあなたの「愛」の気持ちが伝わります。

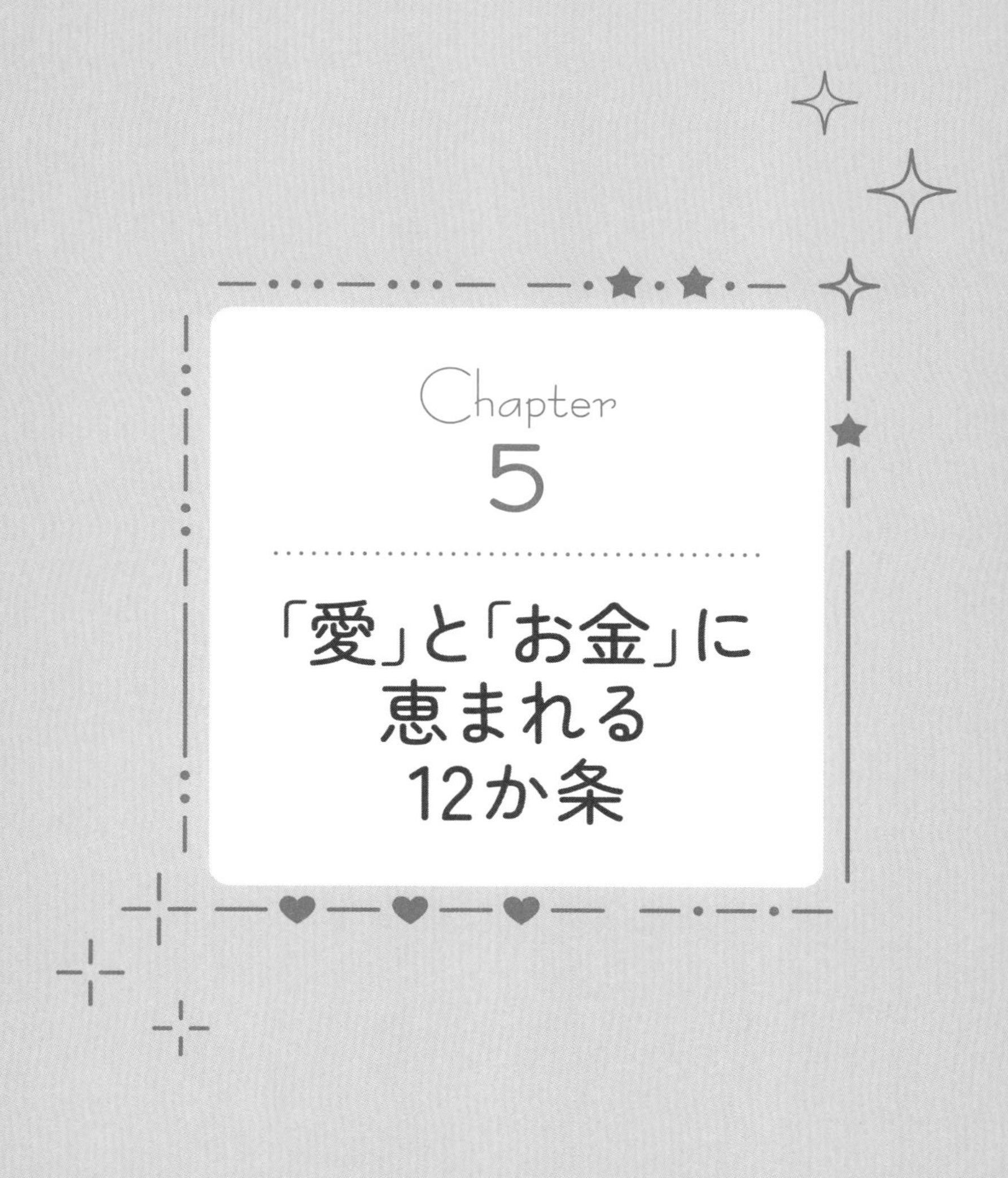

Chapter
5

「愛」と「お金」に恵まれる12か条

「愛」と「お金」のエネルギーマスターを目指そう

本書の最後に「愛」と「お金」に恵まれて幸せな人生を送るために必要なことをまとめますね。あなたの「愛」を高めて豊かさを倍増させてください。

①自己価値を高め、お金に対して罪悪感を持たないようにしよう！

社会貢献意識が持てないという人もたくさんいます。人に尽くすよりも、自分が尽くされたいと思っている人も大勢います。私も最初は、まず自分に愛を注ぎなさい、自分が幸せでないと周りの人も幸せにできないからと教わりました。

ある程度、自分が幸せだと感じるまでは、「お金」を好きなだけ自分のために使ってください。まずは誰よりも自分に一番お金を使って、幸せに導いてあげるのです。

生活が安定し、余剰資金もできて、贅沢品も買って、ある一線を越えると、もうものはそれ以上いらなくなります。自己価値も高まるので、そうしたら社会貢献をしてください。マズローの5段階欲求が満たされて、自己実現後に社会貢献意欲が出てきます。**成功者やお金持ちは社会貢献もするけれど、自分を愛で満たすのも得意です。**

②「お金がない」思考をやめよう！

「贅沢品が買えるのは、お金持ちだけ」「私はお金がないからプチ贅沢すらできない」。こんなふうに自分の心を痛めつけるのもやめましょう。それでは人生が辛くて仕方ありません。**お金持ちだから買えるのではなくて、先に「愛」と「感謝」で満たされるから心が豊かになって、お金が引き寄せられてくるのです。**

最初からお金持ちだったのではなくて、その思考の違いでお金持ちになっていくのです。順番を間違えないように気をつけましょう。すべてはあなたから始まります。

③お金のなる木を育てよう！

お金のなる木を育てる方法があります。これを知ると、お金がお金を産んでくれる人生へとステージアップできます。

もちろん、労働できるうちは絶対に働いてください。労働で作る資本は大切です。だけど、睡眠時間を削ってまで働いて、過労で倒れても本末転倒です。賢く頭を使いましょう。**労働で作った余剰資金を、働かなくてもお金が入ってくる仕組み作りに回すのです。それがお金のなる木です。**

いつまで労働できるかわからないからこそ、労働の片手間に、必ずお金のなる木を育てましょう。

④ものではなく精神的豊かさに満たされること

心が満たされていない人の物欲は無限なので、買っても、買っても、買い続けます。まるでお風呂の栓をし忘れたままお湯をはるようなものです。

そうならないためにも、究極のミニマリストになりましょう。たった1つだけ選りすぐりのものを持ち、同じものを2つ以上持たないこと！　新しく買ったら、今あるものは処分すること。棚のディスプレイものであふれた状態から、まるでホテルのようにすっきりとさせること。

空間のゆとりがあなたの精神のゆとりにもつながって、欲求お化けは徐々に消えて

いき、買うときにちゃんと厳選できるようになります。

⑤「愛」のエネルギーを受け取る

「お金」をその量だけで判断するのではなく「お金」から周りにあふれている「愛」のエネルギーを見るようにして受け取ってください。「愛」に満たされ、あふれ出た「愛」が周りに流れていくので枯れない「愛」の循環になります。

⑥収入の入口を増やす

どんなに泣こうと、わめこうと、あるいは病気で死にそうになったって、お金が勝手にテクテクと歩いて、あなたのところにやってくることはありません。お金は人間が運ぶからです。

お金は「愛」のエネルギーから物質化するときに「お金」に変わるためのゲート（扉）を通る必要があります。それはまるで、ゲームセンターにあるコインザクザクのコイン落としのような感じです。あなたの目の前にも、もうたくさんのコインの山がザクザクとあります。だけど、それが自分の手元に来ないのは、そのゲートを通っていないからです。そのゲートというのが、収入の入口です。

まずは、あなたの好きなことをして「お金」をもらえるようになりましょう。それが好きなことであれば楽しい時間になったり、生きがいになります。好きなことを仕事にして、一生食いっぱぐれない人生は魂も喜びます。

そして、その入口も1つではなく、いくつも作るようにしましょう。収入の柱は3本以上。華僑の教えでは7つ以上と言われます。

⑦成功者のマインドセットをする

新しいことに挑戦するのは誰でも不安で、失敗を恐れるものです。**だからこそ成功者マインドが超重要になります。**どんなにやり方を教わってもマインドが整っていないと行動できないからです。それには〝初心者あるある〟の壁があるので乗り越えましょう。

◆①勉強が続くかの壁

DさんとEさんは、カウンセリングの勉強をしてみることにしました。Dさんは専業主婦で、ビジネス未経験です。Eさんは OLで、副業としてカウンセリングをしたいと考えていました。

2人とも本当に自分にできるのか不安で自信がありませんでしたが、授業はわきあいあいとしていて楽しく学べました。ここに「楽しくないと続かない」という壁があります。

◆②実践の恐怖という壁

いよいよ実践段階となりました。誰かにカウンセリングを受けてもらうのです。Dさんはすぐにママ友に声をかけて、体験してもらいました。一方のEさんは、会社が副業禁止だったので、会社の人には言えないし、お友達にも嫌われることを恐れて、誰にも声をかけることができませんでした。

これはよくある話です。Dさんは「愛」の選択をして、Eさんは「恐れ」の選択をしています。愛の周波数は高く、恐れの周波数は低い。高周波の人は成功し、低周波の人は成功しないと言われています。

そこでEさんには、意識を変えてもらうために、異業種交流会に参加して、新しい人に出会ってもらいました。新しく出会った人たちは会社とも友達とも無関係なので、勇気を出して行動できて、課題をこなすことができるようになりました。その後も何人もの人に実践することで、喜んでもらえることがわかって自信になりました。

◆③お金の恐怖の壁

自信がついたところで、次はいよいよお金をもらってカウンセリングをする段階です。有料になると「お金をもらう」ことへのブロックが働きます。

Dさんはママ友からいろいろな人を紹介されて、お金をくださいと言わなくても、お金を払っていただける機会に恵まれました。しかし、無料でも頼むのがやっとだったEさんは、お金をもらうとなると言い出せず、行動できなくなりました。

◆④継続する壁

ゼロイチを達成できたら、次は売上を増やす段階です。これは簡単で、数を増やして同じことを繰り返せばよいのです。場数を踏むと自信になり、質が上がってやり方も効率的になり、ますます数を増やせるという好循環が生まれます。

Dさんはこの段階も難なくクリアしましたが、Eさんはあきらめてしまいました。

このように、数を増やす段階でしんどくなってやめてしまう人が多数います。**継続するためには、目的と目標の明確化が大切です。そして、ここでも「あきらめない」という成功者のマインドセットや、決意や覚悟が必要なのです。**

このように成功者マインドセットは、壁が現れたときに乗り越える秘訣です。けれど、いつまで経ってもセットしない人がいます。その違いはなんでしょうか？

それこそ「愛」の力です！

⑧「愛」を与える人になる

相手の幸せを考えて行動できる人が「愛」を与える人です。

たくさんの「お金」を稼いでいる人は、それだけ「愛」を与えています。「愛」の循環を起こす人なので「お金」の循環が起きます。先に行動して「愛」を出すこと、つまり「愛」を与える人に「お金」はあとからついてくるのです。私たちは神様との約束のなかで、社会貢献をして「ありがとう♥」と言われることをやったら、その謝礼金として、神様があなたにお金をくれるという法則があるのです。

一時的に「お金」を稼いだけど継続できなかった人は、真の「愛」のエネルギーで行動していなかった可能性が高いです。愛はないけれど、ただやり方を知っていたので、それで「頑張ってしまった」人です。

やりたくないのに無理矢理やらされた、我慢してやったなど、相手に喜ばれることもなく「愛」のないブラックな活動をしていても、そこにはいつかストップがかかります。

神様に「愛」の力が枯れないようにするにはどうすれば良いのかと聞いたら、宇宙の愛が無限に湧く、愛の泉をプレゼントしてくれました。私のオーラにはその愛の泉がつねにセットされています。あなたも受け取ってください。

⑨ビジネスを楽しむこと

自分を高周波に保つためには、高波動をキープすることが大切になります。そのためにはトキメキを大事にして、楽しいことをするようにと言われます。

しかし、ビジネスを継続するフェーズになると、楽しむことができる人か、楽しませて欲しい人かの違いで、その先の人生が変わります。

楽しむことができる人は、ほんの一握りのラッキーな人です。多くの人は新しいことに挑戦するフェーズを経て、それができる段階になると楽しさを感じられなくなっていきます。できるのが当然になると周りも褒めてくれません。停滞期に入ります。より新しい目標に到達できないと苦しくもなり、向いていないのではないか？　と考えたり、もっと成功して輝いている人と比べて辛くなったりします。そうすると、取り組んでいることはただの仕事になってしまって、ルーチンはつまらない！　という気分になります。

ここで、自分で自分を楽しませる力があるかどうかが問われます。自分で楽しむことができる人は、自分軸で生きている人です。反対にそれができない人は、周囲に楽しませてほしいとか、褒めてほしいと望みます。承認欲求を自分で満たすことができず、他人に褒めてほしいと求める、他人軸で生きている人です。

稼げないノウハウコレクターはこの壁を乗り越えられずに、他の楽しそうなところに行って、また同じ壁にぶつかります。ちょっと嫌になると、すぐに隣の芝生が青く見えて、楽しそうなところに逃げていきます。そうして、いつまでも自分の目標を達成できません。自分と向き合わないで他の何かのせいにしているからです。

【自分で楽しむ力を養う方法】

◆秘訣①　結果ではなくて過程を見る

仕事の結果で自己評価するのをやめて、その過程を見ること。挑戦していること自体が褒められるのに値します。

◆秘訣②　自己承認欲求を高めて人生のハンドルを他人に渡さない

周りの人に褒めてもらうことで自己承認欲求を満たすステージから卒業しましょう。

◆秘訣③　ワクワクドキドキする方法

目の前の仕事がつまらない――。こんなときは未来を「予祝」して、あなたがドキドキワクワクする未来を先取りし、その感情を味わいましょう。そのドキドキワクワクのときめき状態をキープしながら、お仕事をすることです。

私は20年以上ビジネスを継続していますが、毎日、「愛」と「感謝」と「祝福」の日々を心がけて、忘れないようにしています。

⑩ 波動を上げて感謝力を高めよう

最終的には「お金」の心配は何もしないで「感謝」することにフォーカスしましょう。

心配する思考癖があるなら、乗り越えられないことは起きないから心配しないでください。人生、山あり谷あり。**そのときは辛くても必ず大丈夫になる日がきます。**心配し続けている状態では体がもちません。いつか大丈夫になるのに、体を壊したら心配損です。

心配癖が止まらない人は、左脳を止めてください。そして右脳を活性化しましょう。右脳を活性化するには、リラクゼーションです。脳波をアルファ波かシータ波にするのです。リラックスしているときの脳の周波数は、あなたを安心に導いてくれます。「お金」のことを考えて心配する周波数とは違うので、右脳が活性化している時間を長く保つようにしましょう。これができると波動が上がるので、嫌いな人にも感謝できるようになります。

⑪ 喜びは大袈裟に表現して受け取り上手になろう

「お金」を物質だと捉える人は「感謝」の力も足りなくなります。

例えば100万円を稼ごうと目指しているとき、あなたがはじめて取れた契約が1万円だったら、どう感じますか？　目標100万円に対して1万円です。初成約自体は嬉しいでしょうが、稼ぐ力としてはどうでしょうか。

Dさんは大喜びしました。「嬉しい♥　感謝♥　1万円♥　ありがとう！」とまるで天にも昇るような幸せな気持ちになって、小躍りして感謝しました。

一方、Eさんは「ちっ、こんなに頑張ったのに、たったの1万円しか稼げないのか。全然ダメだな」と、悔しさと後悔で自己卑下に陥ってしまいました。

DさんとEさんでは、どちらが成功するタイプでしょうか？　今のあなたならわかりますね？　Dさんは精神的に豊かになり、これから経済的にも豊かになっていきますが、Eさんは物資的な面しか見ることができないので、精神的にも経済的にも貧しくなっていきます。Dさんは感謝して生きる力が高く、Eさんは比較（ジャッジ）して、感謝の足りない生き方になります。

神様は、Dさんが喜んで感謝している姿を見て、今後の人生にさらなるお金と飛躍の力をくれます。一方で、Eさんは「これでは幸せではない！」という信号を送りますから、神様は「そうか、あなたはもうお金はいらないのか！　わかりました！」と離れていってしまいます。

小さな幸せにもまめに気づいて大いに喜ぶと、その後の人生は飛躍が待っています。喜び上手は受け取り上手とも言えます。「ありがとう」「嬉しい」「やったー」「幸せ」「感謝してる」「愛してる」「ラッキー」など、神様に感謝して声に出し、態度で示し、笑顔で表現するようにしてください。

与え上手になった人は、必ず、次は受け取り上手になってください。

あなたには、すべての豊かさを受け取る価値があります。宇宙からも無限の愛が今日もあなたに降り注がれています。与えるだけで終わると、循環にならないからです。

⑫ あなたはあなたのまま、存在するだけでいい

社会貢献とか、使命とか、好きなことを仕事にすると聞くと「私にはできない」とか「もっとスキルアップしないとダメだ」と考える人がいます。自分にまだ欠けている部分にフォーカスすると、どんどん自信が持てなくなります。そして自己卑下した

り、過小評価を繰り返すことになります。

どんなに「愛」の大きさが「お金」の量に影響し、愛に満たされることで感謝や喜びの力も跳ね上がることがわかっていても、その自分に自信がなければオーラも曇ってしまいます。魂レベルを高めると魂の器が広がって収入アップにつながりますが、「自信が持てない」などと言っていては魂レベルを下げてしまいます。


生きるために必要な最低限のことは、社会の仕組みを循環させることです。好きなことを仕事にしてやりたいことをやっていると、自動的にお金も入ってくるようになります。この世は全自動でちょうど良くうまくいくようになっています。それが自然の仕組みです。あなたが空気に困ることがないように、本来はお金に困ることもないようにできています。

だけど、あなたが心配するから、不要な心配が不運な未来を作っているのです。あなたはあなたのまま、あなたらしく、あなたの好きなことをして、あなたの好きなものに囲まれて、ただ、自然体で生きてください。愛に満たされて幸せに笑顔で過ごしてください。人生で受け取っているものは「お金」だけではないことにも気がついてください。健康、美貌、人間関係、知識や知恵、経験など、すべてがあなたを高める価値です。そのエネルギー量を計算したら、1兆円どころの話ではないですよね？

そんな素晴らしいあなたには、気がつかない人も多いけれど、毎日、宇宙から全自動で愛のエネルギーが降り注がれています。

運が良いときも、悪いときも、幸せなときも、不幸せなときも、宇宙はもれなくあなたに宇宙の愛のエネルギーを降り注いでくれています。ということは、あなたがあなたらしく、自分自身を誇りに思って笑顔で使命の道を歩んでいたら、その愛がお金を運び、お金だって、毎日、あなたに全自動で降り注がれていることがわかりますね？

何も無理して与えなくて良いのです。何も無理して行動しなくて良いのです。本当にただ愛を持って存在するだけで宇宙につながり、あなたは、あなたの内から輝く光で相手の悩みをも解消できるのです。**これからも、ぜひオーラキラキラ、高波動で笑顔あふれる人生を謳歌してください。**

あなたの愛のエネルギーは地球の周りを循環します。光の速さは、なんと1秒間に地球を7周半もしてしまうほどのスピードだそうです。愛は無限で偉大で永遠です。本当になんでも手に入ってくる人生に変わります。

おわりに

私は20年以上にわたって、夢や願いを叶えるサポートをしてきました。そして最近、成功者の最後の壁を発見しました。それは、次から次へと目標を達成してきた結果、ある日突然「このままで良いのかな？　これからも夢に向けて挑戦し続けるのかな？」と振り返るステージが来るということです。

マズローの5段階欲求で言う自己実現をして幸せになると「これからどうしよう？　欲望に終わりはないけれど、かといって、いつまでも人参をぶら下げられた馬のように走り続けるのはシンドイのではないか？」と、必死に頑張ってきた人なら考えます。「もう、楽になりたい」と。

世の中には夢を持たずに、ただ日々を過ごすだけの人もいます。何も考えずに新しいことを学ぶこともせず、ただ生きているだけの人。すべての欲望を手放せば、そんなふうに生きていけるのも幸せだと気づきます。

だから、そういう人たちが羨ましくなってしまうのです。もちろん、生きるのに十分なお金があるなら、それが望みならリタイアメント生活も良いでしょう。

けれど、人生は一度きりです。リタイアメント生活とはいえ、きっと何かはしたくなるでしょう。そのほうが生きがいもできます。

お釈迦様の「法華経」によると、そんな自分は幸せだと気がついた人が、世のため、人のため、周りの人を幸せに導くのが、菩薩道だと言います。

つまり、宇宙の法則では、ここからが大飛躍のポイントで、理想を超絶するような人生が始まるのです。幸運がまるで雪崩のように次から次へと引き寄せられて、思うだけで簡単に夢が叶い、奇跡が連続する人生が待っているのです。

まさに神次元。引き寄せマスターです。宇宙は進化し、地球も進化し、人間も進化しているからこその真理です。

最後の壁を乗り越えるには、大きな夢がなくても大丈夫なのです。頑張るのをやめて、小さな幸せをたくさん見つけましょう。小さな目標でいいので、何か新しいことに挑戦することです。そうすれば幸せホルモンも分泌され、若返りや長生き、健康増進までが叶います。

この書籍は、一般的なビジネス書では珍しい、目には見えないエネルギーをコントロールすることで願望成就する方法をお伝えしました。その本質は「愛とお金はエネルギー」であることを理解して、エネルギーマスターになることです。

私は芸能人の方々との数々の共演から執筆活動へとつながり、メディチ家の方々、明治天皇の玄孫である竹田恒泰さんといった、著名な方々とのご縁ができました。さらに今年、英語版TEDxのスピーカーになり、世界196か国が加盟する国連で、夢だった世界平和宣言をさせていただくこともできました。カンボジアでは仲間たちと一緒に小学校と幼稚園に寄付活動を行って、フンセン首相の義弟である大臣のご自宅に招かれるという栄誉にもあずかりました。

そんなロードマップを誰が思い描いていたでしょうか？　我ながら夢のようです。まさに理想を超えた人生を手に入れたと思います。そして私はこれからも、精神的にも経済的にも豊かになる人を応援し、サポートし続けていきます。

これもひとえに生徒さんや仲間たち、そして今回応援してくださった両親、家族、まいさん、まきさん、山浦さん、飯田さん、みなさんのお力添えのお陰です。

本当に心から、感謝の気持ちでいっぱいです。

この書籍の1か所だけでも、何かのお役に立てていただければ幸いです。

これからもますますの幸運を引き寄せられますように♪

愛と感謝と祝福を込めて

桜井美帆

[著者プロフィール]
桜井美帆（さくらい・みほ）
超開運占い師。世界43カ国を巡り神様メッセージを受け取るスピリチュアルマスター。曾祖母がイタコという家系に生まれ、特殊能力を引き継いだことで、幼少期から多くの不思議体験をする。NYでヒーリングサロンをオープン。カウンセリング・ヒーリング・チャネリング・占い・セラピーを用いることで潜在意識を書き換え、魂・心・体・感情・意識・思考のバランスを整えて理想の人生を手に入れる方法を提唱。ヨーロッパの大富豪プリンセス・コンスタンツァ・デ・メディチ公認の超心理学士として、世界で唯一メディチ家のお城でタロットを教えられる権利を得る。2024年、米国TEDxでスピーチ、NYの国連本部にて世界平和宣言を行う。鑑定歴20年、鑑定実績は1万人以上にのぼる。任天堂DSiより『桜井美帆の幸運の女神セラピー占い』配信中。著書に『あなたの守護神がわかる！ 神様占い』（総合法令）がある。

桜井美帆の開運チャンネル：
https://www.youtube.com/@kinunmegamiho
Line：https://line.me/R/ti/p/@821lnnbx
Instagram：@mihocream

YouTube

LINE

「愛」と「お金」のエネルギーに愛される

2024年7月11日　第1刷発行

著　者　桜井美帆
発行者　唐津　隆
発行所　株式会社ビジネス社
〒162-0805 東京都新宿区矢来町114番地
神楽坂高橋ビル5階
電話 03(5227)1602　FAX 03(5227)1603
https://www.business-sha.co.jp

カバー印刷・本文印刷・製本/半七写真印刷工業株式会社
〈装幀〉長谷川有香（ムシカゴグラフィクス）
〈本文デザイン・DTP〉関根康弘（T-Borne）〈イラスト〉小関恵子
〈営業担当〉山口健志　〈編集担当〉山浦秀紀

ISBN978-4-8284-2636-5